KB186839

왕 초보

여행 일본어

현지 일본인이 알아들을 수 있게
실제 상황에서 바로바로 통하게

박태준

제일어학

머리말

일본으로 여행을 떠나려고 해도 일본어를 모르기 때문에 망설이고 걱정하십니까?

여기 <왕초보 여행 일본어>가 여러분의 모든 근심을 깨끗이 씻어주고 일본으로의 여행에 대한 자신감을 가져다 줄 것입니다.

<왕초보 여행 일본어>는 한국을 떠나 일본 현지에 발을 붙이는 순간부터 귀국할 때까지 여행 순서대로 구성되어 있으므로 여행하는 여러분들이 언어에 대한 아무런 불편 없이 자유롭게 일본 여행을 즐길 수 있습니다.

이 책은 일본어를 한마디도 못해도 한국어로 일본어 발음을 정확히 달았기 때문에 또박또박 발음만 잘 한다면 현지인들도 충분히 알아들을 수 있고, 실제상황에서도 바로바로 통하게 간편하고 쉬운 말을 엄선하여 구성했습니다.

일본열도를 찾아 떠나는 여행자 여러분!

<왕초보 여행 일본어>는 휴대하기 편하게 한손에 잡힐 수 있도록 만들어진 책입니다. 일본 여행을 떠날 때 휴대하고 가신다면 보다 편하게 즐겁게 일본 여행을 할 수 있으리라고 확신합니다.

엮은이 씀

차 례

차 례

기본회화

あ	い	う	え	お
아	이	우	에	오
か	き	く	け	こ
카	키	쿠	케	코
さ	し	す	せ	そ
사	시	스	세	소
た	ち	つ	て	と
타	치	츠	테	토
な	に	ぬ	ね	の
나	니	누	네	노
は	ひ	ふ	へ	ほ
하	히	후	헤	호
ま	み	む	め	も
마	미	무	메	모
や		ゆ		よ
야		유		요
ら	り	る	れ	ろ
라	리	루	레	로
わ		ん		を
와		응		응

10

ア	イ	ウ	エ	オ
아	이	우	에	오
カ	キ	ク	ケ	コ
카	키	쿠	케	코
サ	シ	ス	セ	ソ
사	시	스	세	소
タ	チ	ツ	テ	ト
타	치	츠	테	토
ナ	ニ	ヌ	ネ	ノ
나	니	누	네	노
ハ	ヒ	フ	ヘ	ホ
하	히	후	헤	호
マ	ミ	ム	メ	モ
마	미	무	메	모
ヤ		ユ		ヨ
야		유		요
ラ	リ	ル	レ	ロ
라	리	루	레	로
ワ		ン		ヲ
와		오		응

11

■ 조용히 해!
시즈까니 시로!

静かにしろ!

■ 지갑 내놔!
사이후오 다세

財布を出せ!

■ 멈춰!
도마레!

止まれ!

■ 움직이지 마!
우고꾸나!

動くな!

■ 엎드려!
후세로!

伏せろ!

■ 물러서!
사가레!

下がれ!

2 위험을 알릴 때

■ 도와줘요!

다스께떼!

助<ruby>たす</ruby>けて!

기본

■ 경찰을 불러요!

게-사쯔오 욘데!

警察<ruby>けいさつ</ruby>を呼<ruby>よ</ruby>んで!

■ 붙잡아요!

쓰까마에떼!

捕<ruby>つか</ruby>まえて!

■ 도둑이야!

도로보-!

泥棒<ruby>どろぼう</ruby>!

■ 소매치기야!

스리!

スリ!

■ 누구야!

다레까?

誰<ruby>だれ</ruby>か!

13

■돈을 안 갖고 있어요.

오까네와 못떼 이마셍.

お金は持っていません。

■다가서지 마!

치까요라나이데!

近寄らないで!

■따라오지 마!

쓰이떼 고나이데!

ついてこないで!

■만지지 마!

사와라나이데!

さわらないで!

■화낼 거예요!

오꼬리마스요!

怒りますよ!

■전부 줄게요.

젬부 아게마스까라.

全部あげますから。

■ 안녕하세요. *아침인사

오하요- 고자이마스

おはようございます。

■ 안녕하세요. *낮인사

곤니찌와.

こんにちは。

■ 안녕하세요. *밤인사

곰방와.

こんばんは。

■ 덕분에 잘 지냅니다.

오까게사마데 겡끼데스

おかげさまで元気です。

■ 부인은 어떠십니까?

옥상와 이까가데스까?

奥さんはいかがですか。

■ 가족 분들은 잘 지내십니까?

고카조꾸노 미나상와 겡끼데스까?

ご家族の皆さんは元気ですか。

15

기본

■ 잘 지내십니까?

오겡끼데스까?

お元気ですか。

■ 그동안 어땠습니까?

소노고 도-데시다까?

その後どうでしたか。

■ 오랜만이군요.

시바라꾸부리데스네.

しばらくぶりですね。

■ 오랜만이군요.

오히사시부리데스네.

おひさしぶりですね。

■ 다시 만나서 반갑습니다.

마따 오메니 카까레떼 우레시-데스

またお目にかかれてうれしいです。

■ 오랫동안 소식을 못 드렸습니다.

고부사따 시마시다.

ごぶさたしました。

■ 처음 뵙겠습니다.

하지메마시떼.

はじめまして。

■안녕히 가세요.

사요-나라.

さようなら。

■그럼, 근간 또 뵙겠습니다.

데와, 치까이 우찌니 마따 우까가이마스

では、近いうちにまたうかがいます。

■그럼, 조심해서 가세요.

데와, 기오쓰께떼.

では、気をつけて。

■즐거운 주말을 보내십시오.

다노시- 슈-마쯔오 오스고시구다사이.

楽しい週末をお過ごしください。

■다녀오세요.

잇떼랏샤이.

行ってらっしゃい。

■안녕히 가세요.

고끼겡요-.

ごきげんよう。

17

■ 이제 실례해야겠습니다.

소로소로 시쯔레-시나꾸떼와.

そろそろ失礼しなくては。

■ 만나서 반가웠습니다.

오아이데끼떼 우레시깟따데스

お会いできてうれしかったです。

■ 즐거웠습니다.

다노시깟따데스

楽しかったです。

■ 저녁을 잘 먹었습니다.

유-쇼꾸오 고찌소-사마데시다.

夕食をごちそうさまでした。

■ 이제 가야겠습니다.

모- 오이또마이따시마스

もうおいとまいたします。

■ 또 오세요.

마따 기떼구다사이네.

また来てくださいね。

■ 여러분께 안부 전해 주세요.

미나사마니 요로시꾸.

皆さまによろしく。

고마움을 나타낼 때

■네, 고마워요.

하이, 도-모

はい、どうも。

■고마워.

아리가또-

ありがとう。

■고맙습니다.

아리가또- 고자이마스

ありがとうございます。

■정말로 고맙습니다.

혼또-니 아리가또- 고자이마스

本当にありがとうございます。

■여러모로 신세를 많이 졌습니다.

이로이로 오세와니 나리마시다.

いろいろお世話になりました。

■친절을 베풀어 주셔서 대단히 감사합니다.

도-모 고신세쯔니 아리가또- 고자이마스

どうもご親切に、ありがとうございます。

기본

■실례합니다만, 일본 분입니까?

시쯔레-데스가, 니혼노 가따데스까?

失礼ですが、日本の方ですか。

■미안해요.

고멘나사이.

ごめんなさい。

■미안합니다.

스미마셍.

すみません。

■너무 죄송했습니다.

도-모 스미마셍데시다.

どうもすみませんでした。

■기다리게 해서 죄송했습니다.

오마따세시떼 스미마셍데시다.

お待たせしてすみませんでした。

■제가 잘못했습니다.

와따시가 이께나깟딴데스

私がいけなかったんです。

■ 면세점은 어디에 있습니까?

멘제-뗀와 도꼬데스까?

免税店はどこですか。

■ 누구십니까?

도찌라사마데스까?

どちらさまですか。

■ 체크아웃 시간은 몇 시입니까?

첵꾸아우또 타이무와 난지데스까?

チェックアウトタイムは何時ですか。

■ 무얼 추천하시겠습니까?

나니가 오스스메데스까?

何がおすすめですか。

■ 언제 여기를 출발합니까?

이쓰, 고꼬오 슙빠쯔시마스까?

いつ、ここを出発しますか。

■ 어느 버스로 가면 됩니까?

도노 바스데 이께바 아데스까?

どのバスで行けばいいですか。

■네, 그렇습니다.
하이, 소-데스

はい、そうです。

■아뇨, 그렇지 않습니다.
이-에, 치가이마스

いいえ、ちがいます。

■맞습니다.
소노 도-리데스

そのとおりです。

■알겠습니다.
와까리마시다.

わかりました。

■네, 그렇게 생각합니다.
하이, 소- 오모이마스

はい、そう思います。

■아뇨, 그렇게 생각하지 않습니다.
이-에, 소-와 오모이마셍.

いいえ、そうは思いません。

22

입국

입국

■ 제 자리는 어디인가요?

와따시노 세끼와 도꼬데스까?

わたしの席はどこですか。

■ 여기는 제 자리입니다.

고꼬와 와따시노 세끼데스

ここは私の席です。

■ 좌석을 바꿔주시겠어요?

자세끼오 가에떼 이따다께마스까?

座席を替えていただますか。

■ (뒷좌석의 사람에게) 좌석을 뒤로 제쳐도 되겠습니까?

시-또오 다오시떼모 이-데스까?

シートを倒してもいいですか。

■ 잠깐 지나가겠습니다.

춋또 도-시떼 구다사이.

ちょっと通してください。

■ 마실 것은 뭐가 있나요?

노미모노와 나니가 아리마스까?

飲み物は何がありますか。

■ 한국 신문이나 잡지는 있나요?

캉꼬꾸노 심붕까 잣시와 아리마스까?

韓国の新聞か雑誌はありますか。

■ 구토가 나는데 물 좀 주세요.

하끼께가 스루노데, 미즈오 구다사이.

吐き気がするので、水をください。

■ 나리타(국제공항)까지 어느 정도 걸리나요?

나리타마데 도노쿠라이 가까리마스까?

成田までどのくらいかかりますか。

■ 면세품은 기내에서 판매하나요?

멘제~힝와 기나이 함바이시떼 이마스까?

免税品を機内販売していますか。

■ 한국 원도 받나요?

캉꼬꾸노 원데모 아데스까?

韓国のウォンでもいいですか。

■ 흡연석은 비어 있나요?

기쯔엔세끼와 아이떼 이마스까?

喫煙席は空いていますか。

■ 입국카드 쓰는 법을 가르쳐 주세요.

뉴-꼬꾸카~도노 가끼카따오 오시에떼 구다사이.

入国カードの書き方を教えてください。

25

입국

■여권을 보여 주세요.

파스뽀-또오 미세떼 구다사이.

パスポートを見せてください。

■입국카드를 보여 주세요.

뉴-꼬꾸카도오 미세떼 구다사이.

入国カードを見せてください。

■여행목적은 뭡니까?

료꼬-노 목떼끼와 난데스까?

旅行の目的は何ですか。

■관광(비즈니스)입니다.

강꼬-(비지네스)데스

観光(ビジネス)です。

■실례지만, 직업은 뭡니까?

시쯔레-데스가, 고쇼꾸교-와 난데스까?

失礼ですが、ご職業は何ですか。

■어느 정도 머무르실 예정입니까?

도노쿠라이 고타이자이노 요떼-데스까?

どのくらいご滞在の予定ですか。

■ 약 1주일간입니다.

야꾸 잇슈-깐데스

約一週間です。

■ 어디에 머무르십니까?

도꼬니 오또마리데스까?

どこに お泊まりですか。

■ 도쿄에 있는 타워호텔입니다.

도-꾜-노 타와-호떼루데스

東京のターワーホテルです。

■ 도쿄의 친척집입니다.

도-꾜-노 신루이노 이에데스

東京の親類の家です。

■ 숙박처는 아직 정하지 않았습니다.

슈꾸하꾸찌와 마다 기메떼 오리마셍.

宿泊地はまだ決めておりません。

■ 일본은 처음이십니까?

니홍와 오하지메데스까?

日本はお初めですか。

■ 네, 처음입니다.

하이, 하지메떼데스

はい、初めてです。

27

■ 짐은 어디서 찾습니까?

니모쯔와 도꼬데 우께또리마스까?

荷物はどこで受け取りますか。

■ 내 짐이 안 보이는데요.

와따시노 니모쯔가 미쯔까리마셍.

私の荷物が見つかりません。

■ 화물인환증은 여기 있습니다.

니모쯔히끼까에쇼－와 고레데스

荷物引換証はこれです。

■ 빨리 알아봐 주세요.

시뀨－ 시라베떼 구다사이.

至急調べてください。

■ 짐의 특징을 알려 주세요.

니모쯔노 토꾸쵸－오 오시에떼 구다사이.

荷物の特徴を教えてください。

■ 찾는 대로 호텔로 보내 주세요.

미쓰까리 시다이 호떼루니 도도께떼 구다사이.

見つかり次第ホテルに届けてください。

28

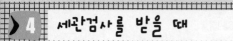

4 세관검사를 받을 때

■여권과 신고서를 보여 주세요.

파스뽀-토또 싱꼬꾸쇼오 미세떼 구다사이.

パスポートと申告書を見せてください。

입국

■특별히 신고할 물건은 있습니까?

토꾸베쯔니 싱꼬꾸스루 모노와 아리마스까?

特別に申告するものはありますか。

■신고할 것은 없습니다.

싱꼬꾸스루 모노와 아리마셍.

申告するものはありません。

■짐은 이것뿐입니까?

오니모쯔와 고레다께데스까?

お荷物はこれだけですか。

■이 여행용 가방을 열어 주세요.

고노 스-쯔케-스오 아께떼 구다사이.

このスーツケースを開けてください。

■이건 무엇입니까?

고레와 난데스까?

これは何ですか。

■그건 선물입니다.

소레와 오미야게데스

それはお土産です。

■그건 제 일용품입니다.

소레와 와따시노 미노마와리힌데스

それは私の身の回り品です。

■이건 친구에게 줄 선물입니다.

고레와 유-징에노 오미야게데스

これは友人へのお土産です。

■이건 한국에 가지고 돌아갈 선물입니다.

고레와 캉꼬꾸에 모찌카에루 미야게데스

これは韓国へ持ち帰る土産です。

■이 내용물은 뭡니까?

고노 나까미와 난데스까?

この中身は何ですか。

■이건 과세의 대상이 됩니다.

고레와 가제-노 다이쇼-또 나리마스

これは課税の対象となります。

■다른 짐은 없나요?

호까니 니모쯔와 아리마셍까?

ほかに荷物はありませんか。

■호텔 안에서 환전할 수 있나요?

호떼루노 나까데 료-가에 데끼스까?

ホテルの中で両替できますか。

■여보세요, 돈을 바꾸고 싶은데요.

스미마셍, 오까네오 가에따이노데스가.

すみません、お金を換えたいのですが。

■일본 엔으로 환전해 주세요.

니홍 엔니 료-가에시떼 구다사이.

日本円に両替してください。

■잔돈도 섞어 주세요.

고제니모 마저떼 구다사이.

小銭も混ぜてください。

■여행자수표를 취급합니까?

토라베라-즈첵꾸오 아쓰깟떼 이마스까?

トラベラーズチェックを扱っていますか。

■이 여행자수표를 현금으로 바꿔 주세요.

고노 토라베라-즈첵꾸오 겡낑니 시떼 구다사이.

このトラベラーズチェックを現金にしてください。

입국

■미안합니다, 관광안내소는 어디에 있습니까?

스미마셍, 강꼬-안나이죠와 도꼬데스까?

すみません、観光案内所はどこですか。

■시내로 가는 버스는 있나요?

시나이에 이꾸 바스와 아리마스까?

市内へ行くバスはありますか。

■버스(택시) 승강장은 어디에 있나요?

바스(타꾸시-)노 노리바와 도꼬데스까?

バス(タクシー)の乗り場はどこですか。

■시내까지 택시비는 얼마 정도입니까?

시노 쮸-심부마데 타꾸시-다이와 이꾸라 쿠라이데스까?

市の中心部までタクシー代はいくらくらいですか。

■리무진버스는 어디서 탈 수 있나요?

리무진바스와 도꼬데 노레마스까?

リムジンバスはどこで乗れますか。

■팔레스호텔은 어떻게 갑니까?

파레스 호떼루에와 도-얏떼 이꾸노데스까?

パレスホテルへはどうやって行くのですか。

■ 호텔 목록은 있나요?

호떼루 리스또와 아리마스까?

ホテルリストはありますか。

■ 시내지도를 얻을 수 있나요?

시나이치즈오 모라에마스까?

市内地図をもらえますか。

■ 여기서 호텔을 예약할 수 있나요?

고꼬데 호떼루오 요야꾸 데끼마스까?

ここでホテルを予約できますか。

■ 시내(국제)전화는 어디서 걸 수 있나요?

시나이(고꾸사이) 뎅와와 도꼬데 가께라레마스까?

市内(国際)電話はどこでかけられますか。

■ 공항에 우체국은 있나요?

쿠-꼬-니 유-빙쿄꾸와 아리마스까?

空港に郵便局はありますか。

■ 도쿄까지는 뭘로 가면 가장 빠른가요?

도-꾜-마데와 나니데 이께빠 이찌방 하야인데스까?

東京までは何で行けばいちばん速いんですか。

■ 이 쾌속전철을 타면 우에노까지 갈 수 있습니다.

고노 카이소꾸덴샤니 노레바 우에노마데 이께마스

この快速電車に乗れば上野まで行けます。

■ 포터를 불러 주세요.

포-따오 욘데 구다사이.

ポーターを呼んでください。

■ 이 짐을 택시 승강장까지 운반해 주세요.

고노 니모쯔오 바스(타꾸시-) 노리바마데 하꼰데 구다사이.

この荷物をタクシー乗り場まで運んでください。

■ 고마워요. 얼마인가요?

아리가또-. 이꾸라데스까?

ありがとう。いくらですか。

■ 카트는 어디에 있나요?

카-또와 도꼬니 아리마스까?

カートはどこにありますか。

■ 긴자호텔로 가 주세요.

긴자호떼루에 잇떼 구다사이.

銀座ホテルへ行ってください。

■ (주소를 보이며) 이리 가 주세요.

고꼬에 잇떼 구다사이.

ここへ行ってください。

■시내까지 어느 정도면 갈 수 있나요?

츄-싱가이마데 도노 쿠라이데 이께마스까?

中心街までどのくらいで行けますか。

■짐을 트렁크에 넣어 주세요.

니모쯔오 토랑꾸니 이레떼 구다사이.

荷物をトランクに入れてください。

■여기서 세워 주세요.

고꼬데 도메떼 구다사이.

ここで停めてください。

■시내로 가는 버스는 어느 것입니까?

시나이에 이꾸 바스와 도레데스까?

市内へ行くバスはどれですか。

■출발시간은 몇 시입니까?

슛빠쯔지깡와 난지데스까?

出発時間は何時ですか。

■시간은 어느 정도 걸립니까?

지깡와 도노 쿠라이 가까리마스까?

時間はどのくらいかかりますか。

■매표소는 어디에 있습니까?

깁뿌우리바와 도꼬데스까?

切符売場はどこですか。

35

여권	파스뽀-또	パスポート
비자	비자	ビザ
입국카드	뉴-꼬꾸카도	入国カード
입국심사	뉴-꼬꾸신사	入国審査
개인여행	고진료꼬-	個人旅行
단체여행	단따이료꼬-	団体旅行
친지방문	신루이호-몽	親類訪問
비즈니스	비지네스	ビジネス
유학	류-가꾸	留学
목적지	목떼끼찌	目的地
외국인	가이꼬꾸징	外国人
한국인	캉꼬꾸징	韓国人
세관검사	제-깡켄사	税関検査
신고서	싱꼬꾸쇼	申告書
휴대품	케-따이힝	携帯品
면세품	멘제-힝	免税品
카메라	카메라	カメラ
비디오카메라	비데오카메라	ビデオカメラ
술	사께	酒
담배	다바꼬	タバコ
김치	기무치	キムチ
향수	코-즈이	香水
약	구스리	薬
여행용 가방	스-쯔케-스	スーツケース
선물	오미야게	お土産
반입금지품	모찌꼬미킨지힝	持ち込み禁止品
일용품	미노마와리힝	身の回り品
과세	카제-	課税

교통

■ 시내지도는 있습니까?

시나이치즈와 아리마스까?

市内地図はありますか。

■ 신주쿠는 여기서 멉니까?

신쥬꾸와 고꼬까라 도-이데스까?

新宿はここから遠いですか。

■ 우에노는 여기서 가깝습니까?

우에노와 고꼬까라 치까이데스까?

上野はここから近いですか。

■ 거기까지 걸어서 갈 수 있습니까?

소꼬마데 아루이떼 이께마스까?

そこまで歩いて行けますか。

■ 택시로 가는 게 좋겠습니까?

타꾸시-데 잇따 호-가 이-데스까?

タクシーで行ったほうがいいですか。

■ 지하철로 가는 게 좋겠군요.

치까테쯔데 잇따 호-가 이-데스네.

地下鉄で行ったほうがいいですね。

■전철을 타는 게 빠릅니다.

덴샤니 놋따 호-가 하야이데스

電車に乗ったほうがはやいです。

■버스로 가면 조금 멉니다.

바스데 이께바 스꼬시 도-이데스

バスで行けば少し遠いです。

■도쿄 타워는 어떻게 갈 수 있나요?

도-꾜-타와-와 도- 이께마스까?

東京タワーはどう行けますか。

■지하철은 어디서 탑니까?

치까테쯔와 도꼬까라 노리마스까?

地下鉄はどこから乗りますか。

■유명한 상점가는 어디에 있습니까?

유-메-나 쇼-뗑가이와 도꼬니 아리마스까?

有名な商店街はどこにありますか。

■아키하바라도 전철을 타고 갈 수 있습니까?

아끼하바라모 덴샤니 놋떼 이께마스까?

秋葉原も電車に乗って行けますか。

■학생들이 자주 가는 가게를 가르쳐 주세요.

각세-타찌노 요꾸 이꾸 미세오 오시에떼 구다사이.

学生たちのよく行く店を教えてください。

교통

■ 말씀 좀 묻겠습니다.

춋또 오우까이시마스

ちょっとおうかがいします。

■ 어느 근처에 있는지 가르쳐 주세요.

도노 헨니 아루까 오시에떼 구다사이.

どの辺にあるか教えてください。

■ 거기까지 안내해 주세요.

소꼬마데 안나이시떼 구다사이.

そこまで案内してください。

■ 저쪽으로 가고 싶은데요.

무꼬-가와에 이끼따이노데스가.

向こう側へ行きたいのですが。

■ 저 건물 맞은편입니까?

아노 다떼모노노 무까이가와데스까?

あの建物の向かい側ですか。

■ 저 교차로입니까?

아노 고-사뗀데스까?

あの交差点ですか。

■곧장 갑니까?

맛스구데스까?

まっすぐですか。

■저기가 백화점입니까?

아소꼬가 데빠-또데스까?

あそこがデパートですか。

■저 거리는 뭐라고 합니까?

아노 도-리와 난또 이우노데스까?

あの通りは何というのですか。

■그럼, 어디에서 물으면 좋을까요?

데와, 도꼬데 오타즈네스레바 아데쇼-까?

では、どこでお尋ねすればいいでしょうか。

■파출소는 어디에 있습니까?

코-방와 도꼬니 아리마스까?

交番はどこにありますか。

■대단히 실례했습니다.

도-모 스미마셍.

どうもすみません。

■길을 잃어 난처합니다. 도와주세요.

미찌니 마욧떼 고맛떼 이마스. 다스께떼 구다사이.

道に迷って困っています。助けてください。

41

■미안합니다. 역은 어디에 있나요?

스미마셍. 에끼와 도꼬데스까?

すみません。駅はどこですか。

■미안합니다. 매표소는 어디에 있나요?

스미마셍. 깁뿌우리바와 도꼬데스까?

すみません。切符売場はどこですか。

■오사카 행 표는 어느 창구입니까?

오-사가 유끼노 깁뿌와 도노 마도구찌데스까?

大阪行きの切符はどの窓口ですか。

■이 열차 좌석을 예약하고 싶은데요.

고노 렛샤노 자세끼오 요야꾸 시따인데스가.

この列車の座席を予約したいんですが。

■오사카까지 왕복(편도) 2장 주세요.

오-사까마데노 오-후꾸(가따미찌) 니마이 구다사이.

大阪までの往復(片道)二枚ください。

■도쿄까지 지정석으로 부탁합니다.

도-쿄-마데노 시떼-껭오 오네가이시마스

東京までの指定券をお願いします。

■ 특등석 표를 3장 주세요.

구라-ㄴ 세끼노 깁뿌오 삼마이 구다사이.

グリーン席の切符を三枚ください。

■ 어른 2장과 어린이 1장 주세요.

오또나 니마이또 고도모 이찌마이 구다사이.

大人二枚と子供一枚ください。

■ 오사카에는 언제 도착하나요?

오-사까와 이쯔 쓰끼마스까?

大阪にはいつ着きますか。

■ 오사카 행 열차는 어디서 출발합니까?

오-사까 유끼노 렛샤와 도꼬까라 데마스까?

大阪行きの列車はどこから出ますか。

■ 다음 열차는 몇 시입니까?

쓰기노 렛샤와 난지데스까?

次の列車は何時ですか。

■ 도쿄에서 오사카까지 몇 시간 정도 걸립니까?

도-꾜-까라 오-사까까데 난지깡 구라이 가까리마스까?

東京から大阪まで何時間ぐらいかかりますか。

■ 몇 시부터 개찰합니까?

가이사쯔와 난지까라 데스까?

改札は何時からですか。

43

교통

■도중에 하차할 수 있나요?

도쭈-데 게샤 데끼마스까?

途中で下車できますか。

■더 이른(늦은) 것은 없나요?

못또 하야이(오소이) 노와 아리마셍까?

もっと早い(遅い)のはありませんか。

■몇 시에 홈에 들어갑니까?

난지니 호-무니 하이리마스까?

何時にホームに入りますか。

■이 표는 해약할 수 있나요?

고노 깁뿌와 칸세루 데끼마스까?

この切符はキャンセルできますか。

■식당차는 딸려 있나요?

쇼꾸도-샤와 쓰이떼 이마스까?

食堂車は付いていますか。

■이 좌석은 비어 있나요?

고노 자세끼와 아이떼 이마스까?

この座席は空いていますか。

■이 좌석으로 바꿔 줄 수 없나요?

고노 자세끼니 가에떼 모라에마셍까?

この座席に替えてもらえませんか。

■ 다음 역은 어디입니까?

쓰기노 에끼와 도꼬데스까?

次の駅はどこですか。

■ 지금 어디를 달리고 있나요?

이마, 도꼬오 하싯떼 이마스까?

今、どこを走っていますか。

■ 이 열차는 언제 오사카에 도착합니까?

고노 렛샤와 이쯔 오-사까니 쓰끼마스까?

この列車はいつ大阪に着きますか。

■ 식당차는 몇 시부터 몇 시까지 영업합니까?

쇼꾸도-샤와 난지까라 난지마데 에-교-시떼 이마스까?

食堂車は何時から何時まで営業していますか。

■ 표를 잃어버렸습니다.

김뿌오 나꾸시떼 시마이마시다.

切符をなくしてしまいました。

■ (내릴 역을) 지나친 것 같습니다.

노리꼬시따 요-데스

乗り越したようです。

■ 열차에 물건을 두고 내려버렸습니다.

렛샤노 나까니 와스레모노오 시떼 시마이마시다.

列車の中に忘れ物をしてしまいました。

45

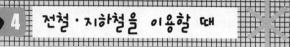

교통

■여기서 가장 가까운 지하철역은 어디입니까?

고꼬까라 이찌방 치까이 치까테쯔에끼와 도꼬데스까?

ここからいちばん<ruby>近<rt>ちか</rt></ruby>い<ruby>地下鉄駅<rt>ち か てつえき</rt></ruby>はどこですか。

■표는 어디서 삽니까?

깁뿌와 도꼬데 가우노데스까?

<ruby>切符<rt>きっぷ</rt></ruby>はどこで<ruby>買<rt>か</rt></ruby>うのですか。

■동쪽(서쪽·남쪽·북쪽) 출구는 어디입니까?

히가시(니시·미나미·기따) 구찌와 도꼬데스까?

<ruby>東<rt>ひがし</rt></ruby>(<ruby>西<rt>にし</rt></ruby>·<ruby>南<rt>みなみ</rt></ruby>·<ruby>北<rt>きた</rt></ruby>)<ruby>口<rt>ぐち</rt></ruby>はどこですか。

■어디서 갈아타면 되나요?

도꼬데 노리까에따라 이-노데스까?

どこで<ruby>乗<rt>の</rt></ruby>り<ruby>換<rt>か</rt></ruby>えたらいいのですか。

■야마노테 선은 무슨 색입니까?

야마노떼셍와 나니이로데스까?

<ruby>山<rt>やま</rt></ruby>の<ruby>手線<rt>てせん</rt></ruby>は<ruby>何色<rt>なにいろ</rt></ruby>ですか。

■몇 분 간격으로 옵니까?

남뿡 오끼니 기마스까?

<ruby>何分<rt>なんぷん</rt></ruby>おきに<ruby>来<rt>き</rt></ruby>ますか。

■가장 가까운 전철역은 어디입니까?

모요리노 덴샤에끼와 도꼬데스까?

最寄りの電車駅はどこですか。

■출구는 어디입니까?

데구찌와 도꼬데스까?

出口はどこですか。

교통

■우에노로 가려면 무슨 선을 타면 됩니까?

우에노니 이꾸니와 나니센니 노레바 이-노데스까?

上野に行くには何線に乗ればいいのですか。

■지하철(전철) 노선도를 한 장 주세요.

치카떼쯔(덴샤)노 로센즈오 이찌마이 구다사이.

地下鉄(電車)の路線図を一枚ください。

■긴자로 가는 것은 어느 선입니까?

긴자에 이꾸노와 도노 센데스까?

銀座へ行くのはどの線ですか。

■이케부쿠로는 여기서 몇 번째 역입니까?

이께부꾸로와 고꼬까라 이꾸쯔메노 에끼데스까?

池袋はここからいくつ目の駅ですか。

■급행은 이 역에 섭니까?

규-꼬-와 고노 에끼니 도마리마스까?

急行はこの駅に停まりますか。

교통

■ 버스정류소는 어디에 있나요?

바스떼-와 도꼬데스까?

バス停はどこですか。

■ 긴자 호텔로 가려면 몇 번 버스를 탑니까?

긴자 호떼루니 이꾸니와 남반노 바스니 노루노데스까?

銀座ホテルに行くには何番のバスに乗るのですか。

■ 이 버스로 우에노 공원에 갈 수 있나요?

고노 바스데 우에노 고-엥에 이께마스까?

このバスで上野公園へ行けますか。

■ 표는 어디서 삽니까?

깁뿌와 도꼬데 가이마스까?

切符はどこで買いますか。

■ 어디서 내리면 됩니까?

도꼬데 오리레바 이-노데스까?

どこで降りればいいのですか。

■ 어디서 갈아타나요?

도꼬데 노리까에루노데스까?

どこで乗り換えるのですか。

■ 우에노 역에 섭니까?

우에노 에끼데 도마리마스까?

上野駅で停まりますか。

■ 그 버스정류소에 도착하면 알려 주세요.

소노 바스떼-니 쓰이따라 오시에떼 구다사이.

そのバス停に着いたら教えてください。

교통

■ 몇 번째입니까?

이꾸쯔 메데스까?

いくつ目ですか。

■ 요금은 타기 전에 지불합니까?

료-낑와 노루 마에니 하라이마스까?

料金は乗る前に払いますか。

■ 공원에 도착하면 알려 주세요.

고-엔에 쓰이따라 오시에떼 구다사이.

公園に着いたら教えてください。

■ 옆에 앉아도 되겠습니까?

도나리니 스왓떼모 이-데스까?

隣に座ってもいいですか。

■ 이 자리는 비어 있나요?

고노 세끼와 아이떼 이마스까?

この席は空いていますか。

■ 짐은 어디에 두면 됩니까?
니모쯔와 도꼬니 오께바 이-데스까?

荷物はどこに置ければいいですか。

■ 몇 시에 출발합니까?
난지니 슛빠쯔시마스까?

何時に出発しますか。

■ 버스는 곧 떠납니까?
바스와 스구 데마스까?

バスはすぐ出ますか。

■ 여기에서 몇 분 정도 정차합니까?
고꼬데 남뿡 쿠라이 도마리마스까?

ここで何分くらい停まりますか。

■ 여기서 내립니다.
고꼬데 오리마스

ここで降ります。

■ 여기서 내려 주세요.
고꼬데 오로시떼 구다사이.

ここで降ろしてください。

■ 미안합니다. 내립니다.
스미마셍. 오리마스

すみません。降ります。

■택시를 불러 주세요.

타꾸시-오 욘데 구다사이.

タクシーを呼んでください。

■미안합니다, 택시 승강장은 어디에 있습니까?

스미마셍, 타꾸시- 노리바와 도꼬데스까?

すみません、タクシー乗り場はどこですか。

■어디까지 가십니까?

도꼬마데 데까께마스까?

どこまで出かけますか。

■프린스 호텔로 가 주세요.

푸린스 호떼루에 잇떼 구다사이.

プリンスホテルへ行ってください。

■(주소를 보이면서) 이 주소로 가 주세요.

고노 쥬-쇼마데 오네가이시마스

この住所までお願いします。

■백화점까지 부탁합니다.

데빠-또마데 오네가이시마스

デパートまでお願いします。

교통

■ 공항까지 왕복으로 가 줄래요?

코-꾸-마데 오-후꾸데 잇떼 구레마스까?

空港まで往復で行ってくれますか。

■ 시간은 대강 어느 정도 걸립니까?

지깡와 다이따이 도노 쿠라이 가까리마스까?

時間はだいたいどのくらいかかりますか。

■ 잠시 기다려 주세요. 곧 돌아오겠습니다.

촛또 맛떼 구다사이. 스구 모돗떼 기마스

ちょっと待ってください。すぐ戻ってきます。

■ 빨리 가 주세요.

이소이데 구다사이.

急いでください。

■ 곧장 가 주세요.

맛스구 잇떼 구다사이.

まっすぐ行ってください。

■ 다음 커브에서 오른쪽(왼쪽)으로 도세요.

쓰기노 카도오 미기(히다리)에 마갓떼 구다사이.

次の角を右(左)へ曲ってください。

■ 저쪽까지 가 주세요.

무꼬-마데 잇떼 구다사이.

向こうまで行ってください。

52

■좀 천천히 달려 주세요.

못또 육꾸리 하싯떼 구다사이.

もっとゆっくり走ってください。

■여기서 세워 주세요.

고꼬데 도메떼 구다사이.

ここで止めてください。

교통

■좀더 앞에서 세워 주세요.

모- 스꼬시 사끼데 도메떼 구다사이.

もう少し先で止めてください。

■백화점 앞에서 세워 주세요.

데빠-또노 마에데 도메떼 구다사이.

デパートの前で止めてください。

■신호 앞에서 세워 주세요.

싱고-노 마에데 도메떼 구다사이.

信号の前で止めてください。

■요금이 미터기와 다릅니다.

료-낑가 메-따또 치가이마스

料金がメーターと違います。

■거스름돈은 됐습니다.

오쓰리와 겟꼬데스

おつりは結構です。

53

교통

■여기서 비행기 좌석을 예약할 수 있나요?

고꼬데 히꼬-끼노 세끼오 요야꾸 데끼마스까?

ここで飛行機の席を予約できますか。

■비즈니스클래스입니까, 이코노미클래스입니까?

비지네스쿠라스데스까, 에코노마-쿠라스데스까?

ビジネスクラスですか、エコノミークラスですか。

■고마워요. 체크인은 몇 시부터입니까?

아리가또-. 첵꾸잉와 난지까라데스까?

ありがとう。チェックインは何時からですか。

■요금은 어떻게 되나요?

료-낑와 도- 나리마스까?

料金はどうなりますか。

■비행 예약을 변경하고 싶은데요.

후라이또노 요야꾸오 헹꼬-시따이노 데스가.

フライトの予約を変更したいのですが。

■ANA 카운터는 어디입니까?

아나 카은따와 도꼬데스까?

ANAのカウンターはどこですか。

■창쪽(통로쪽) 좌석으로 주세요.

마도가와(쓰-로가와)노 세끼니 시떼 구다사이.

窓側(通路側)の席にしてください。

■이 편은 정각에 출발하나요?

고노 빙와 테-꼬꾸니 슛빠쯔시마스까?

この便は定刻に出発しますか。

■탑승개시는 몇 시입니까?

토-죠카이시와 난지데스까?

搭乗開始は何時ですか。

■초과요금은 얼마인가요?

쵸-까료-낑와 이꾸라데스까?

超過料金はいくらですか。

■이걸 기내로 가지고 들어갈 수 있나요?

고레오 기나이니 모찌꼬메마스까?

これを機内に持ち込めますか。

■이 편의 탑승구는 어디입니까?

고노 빈노 토-죠-게-또와 도꼬데스까?

この便の搭乗ゲートはどこですか。

■안전벨트를 매 주십시오.

안젬 베루또오 오시메 쿠다사이.

安全ベルトをお締めください。

55

교통

■ 승선 시간은 몇 시입니까?

죠-센 지깡와 난지데스까?

乗船時間は何時ですか。

■ 거기까지 배로 몇 시간 걸립니까?

소꼬마데 후네데 난지깡 가까리마스까?

そこまで船で何時間かかりますか。

■ 이 항구에서 어느 정도 정박합니까?

고노 미나또데 도노 쿠라이 데-하꾸시마스까?

この港でどのくらい停泊しますか。

■ 상륙하여 구경할 시간이 있습니까?

죠-리꾸시떼 겜부쯔스루 히마가 아리마스까?

上陸して見物するひまがありますか。

■ 뱃멀미가 심한 편입니다. 약과 봉투를 주세요.

후나요이가 히도이 호-데스 구스리또 하끼부꾸로오 구다사이.

船酔いがひどいほうです。薬と吐き袋をください。

■ 어느 선실이 가장 상쾌합니까?

도노 센시쯔가 이찌방 고꼬찌요이데스까?

どの船室が一番心地好いですか。

■ 1등석은 어느 쪽입니까?

잇또-세끼와 도찌라데스까?

一等席はどちらですか。

■ 저는 배에 약합니다.

와따시와 후네니 요와이노데스

私は船に弱いのです。

■ 저건 무슨 섬입니까?

아레와 난또 이우 시마데스까?

あれは何という島ですか。

■ 갑판에 나가도 됩니까?

덱끼에 데떼모 아-데스까?

デッキへ出てもいいですか。

■ 파도가 거칠군요.

나미가 쓰요이데스네.

波が強いですね。

■ 그 배를 지금 탈 수 있나요?

소노 후네니 이마 노레레마스까?

その船に今乗られますか。

■ 짐은 어디서 수취합니까?

니모쯔와 도꼬데 우께토리마스까?

荷物はどこで受け取りますか。

57

교통

■ 렌터카를 빌리고 싶은데요.

렌따카오 가리따인데스가.

レンタカーを借りたいんですが。

■ 차종은 뭐가 좋을까요?

샤슈와 나니가 이-데스까?

車種は何がいいですか。

■ 소형차를 2일간 빌리고 싶은데요.

고가따샤오 후쓰까깡 가리따인데스가.

小型車を二日間借りたいんですが。

■ 오토매틱 차를 부탁합니다.

오-또마직꾸노 구루마오 오네가이시마스

オートマチックの車をお願いします。

■ 요금은 어떻게 됩니까?

료-낑와 도- 낫떼 이마스까?

料金はどうなっていますか。

■ 국제면허증과 여권을 가지고 계십니까?

고꾸사이 멩꾜쇼-또 파스뽀-또오 오모찌데스까?

国際免許証とパスポートをお持ちですか。

■ 차를 타보고 싶은데요.

구루마니 놋떼 미따이노데스가.

車に乗ってみたいのですが。

■ 보험을 들고 싶은데요.

호껭오 가께따인데스가.

保険をかけたいんですが。

■ 사고의 경우 연락처를 가르쳐 주세요.

지꼬노 바이노 렌라꾸사끼오 오시에떼 구다사이.

事故の場合の連絡先を教えてください。

■ 주유소는 어디에 있습니까?

가소린스딴도와 도꼬데스까?

ガソリンスタンドはどこですか。

■ 가득 넣어 주세요.

만딴니 시떼 구다사이.

満タンにしてください。

■ 브레이크를 살펴 주세요.

부레-끼오 시라베떼 구다사이.

ブレーキを調べてください。

■ 주차료는 1시간에 얼마입니까?

츄-샤료-와 이찌지깡 이꾸라데스까?

駐車料は一時間いくらですか。

59

역	에끼	駅
기차	렛샤	列車
전철	덴샤	電車
지하철	치까테쯔	地下鉄
버스	바스	バス
택시	타꾸시-	タクシー
거리	도-리	通り
인도	호도-	歩道
뒷길	우라도-리	裏通り
왼쪽	히다리	左
오른쪽	미기	右
입구	이리구찌	入口
출구	데구찌	出口
동쪽 출구	히가시구찌	東口
서쪽 출구	니시구찌	西口
남쪽 출구	미나미구찌	南口
북쪽 출구	기타구찌	北口
방향	호-꼬-	方向
곧장	맛스구	まっすぐ
맞은편	무까이가와	向かい側
도로	도-로	道路
신호	싱고-	信号
사거리	쥬-지로	十字路
광장	히로바	広場
횡단보도	오-당호-도-	横断歩道
표시	메지루시	目印
교차로	코-사뗀	交差点
모퉁이	카도	角
다리	하시	橋
공원	코-엥	公園
파출소	코-방	交番

숙박

숙박

■여기서 호텔을 예약할 수 있나요?

고꼬데 호테루오 요야꾸 데끼마스까?

ここでホテルを予約できますか。

■오늘밤 묵을 호텔을 예약하고 싶은데요.

곰반노 호떼루오 요야꾸시따이노데스가.

今晩のホテルを予約したいのですが。

■시내에 있는 호텔이 좋겠는데요.

츄-싱가이니 아루 호떼루가 아노데스가.

中心街にあるホテルがいいのですが。

■더 싼 호텔은 없나요?

못또 야스이 호떼루와 아리마셍까?

もっと安いホテルはありませんか。

■다른 호텔을 소개해 주세요.

호까노 호떼루오 쇼-까이시떼 구다사이.

ほかのホテルを紹介してください。

■그 호텔은 어디에 있나요?

소노 호떼루와 도꼬데스까?

そのホテルはどこですか。

■오늘밤 방은 비어 있나요?

곰방 헤야와 아이떼 이마스까?

今晩部屋は空いていますか。

■욕실이 딸린 싱글(트윈)은 얼마입니까?

바스 쓰끼 싱구루(쓰인)와 이꾸라데스까?

バス付きシングル(ツイン)はいくらですか。

■몇 박 머무실 예정이십니까?

남빠꾸노 고요떼-데스까?

何泊のご予定ですか。

■3박을 하고 싶은데요.

삼빠꾸시따이노데스가.

三泊したいのですが。

■1박에 얼마입니까?

입빠꾸 이꾸라데스까?

一泊いくらですか。

■아침식사는 나옵니까?

쵸-쇼꾸와 쓰이떼 이마스까?

朝食は付いていますか。

■더 싼 방은 얼마입니까?

못또 야스이 헤야와 이꾸라데스까?

もっと安い部屋はいくらですか。

숙박

■ 체크인하고 싶은데요.

첵꾸인시따인 데스가.

チェックインしたいんですが。

■ 서울에서 3일전에 예약한 김인데요.

소우루데 믹까마에니 요야꾸시따 김데스가.

ソウルで三日前に予約した金ですが

■ 공항에서 막 예약했습니다.

구-꼬-데 요야꾸시따 바까리데스

空港で予約したばかりです。

■ 예약을 해 두었는데요.

요야꾸와 시떼아루노데스가.

予約はしてあるのですが。

■ 예약은 안 했는데, 방은 있습니까?

요야꾸와 시떼 이마셍가, 헤야와 아리마스까?

予約はしていませんが、部屋はありますか。

■ 성함을 말씀해 주시겠어요?

오나마에오 오네가이 데끼마스까?

お名前をお願いできますか。

■ 손님의 방은 예약되어 있습니다.

오캬꾸사마노 헤야와 요야꾸사레떼 이마스

お客様の部屋は予約されています。

■ 3박 예약했습니다.

삼빠꾸노 요야꾸오 시떼 이마스

三泊の予約をしています。

■ 조용한 방을 부탁합니다.

시즈까나 헤야오 오네가이시마스

静かな部屋をお願いします。

■ 전망이 좋은 방을 부탁합니다.

나가메노 요이 헤야오 오네가이시마스

眺めのよい部屋をお願いします。

■ 몇 호실입니까? 방으로 안내해 주세요.

낭고-시쯔데스까? 헤야에 안나이시떼 구다사이.

何号室ですか。部屋へ案内してください。

■ 좀더 큰 방으로 바꿔 주세요.

모- 스꼬시 오-까 헤야니 가에떼 구다사이.

もう少し大きい部屋にかえてください。

■ 귀중품을 맡아 주겠어요?

기쪼-힝오 아즈깟떼 모라에마스까?

貴重品を預かってもらえますか。

65

숙박

■식당은 어디에 있나요?

쇼꾸도-와 도꼬니 아리마스까?

食堂はどこにありますか。

■아침식사는 몇 시입니까?

쵸-쇼꾸와 난지데스까?

朝食は何時ですか。

■미용실(이발소)는 있나요?

비요-잉(리하쯔뗑)와 아리마스까?

美容院(理髪店)はありますか。

■한국어를 할 줄 아는 사람은 있나요?

캉꼬꾸고오 하나세루 히또와 이마스까?

韓国語を話せる人はいますか。

■아침식사는 방에서 먹을 수 있나요?

쵸-쇼꾸와 헤야데 도레마스까?

朝食は部屋で取れますか。

■이 짐을 5시까지 맡아주었으면 하는데요.

고노 니모쯔오 고지마데 아즈깟떼 모라이따이노데스가.

この荷物を五時まで預ってもらいたいのですが。

■팩시밀리(복사기)는 있나요?

확꾸스미리(코삐-끼)와 아리마스까?

ファックスミリ(コピー機)はありますか。

■제 앞으로 온 메시지는 있나요?

와따시아떼노 뎅공가 도도이떼 이마스까?

私宛ての伝言が届いていますか。

■이 편지를 부치고 싶은데요.

고노 데가미오 다시따이노데스가.

この手紙を出したいのですが。

■여기서 관광버스 표를 살 수 있나요?

고꼬데 캉꼬-바스노 치껫또오 가에마스까?

ここで観光バスのチケットを買えますか。

■오늘 신문은 있나요?

쿄-노 심붕와 아리마스까?

今日の新聞はありますか。

■국제전화를 걸고 싶은데요.

고꾸사이뎅와오 가께따이노데스가.

国際電話をかけたいのですが。

■이 소포를 한국으로 보내고 싶은데요.

고노 고즈쓰미오 캉꼬꾸에 오꾸리따인데스가.

この小包を韓国へ送りたいんですが。

67

숙박

■ 모닝콜을 부탁합니다.

모-닝구코-루오 오네가이시마스

モーニングコールをお願いします。

■ 몇 시에 말입니까?

난지데스까?

何時ですか。

■ 내일 아침 7시에 부탁합니다.

묘-쬬- 시찌지니 오네가이시마스

明朝七時にお願いします。

■ 몇 호실입니까?

낭고-시쯔데스까?

何号室ですか。

■ 룸서비스는 있나요?

루-무사-비스와 아리마스까?

ルームサービスはありますか。

■ 마실 (뜨거운)물이 필요한데요.

노무 오유가 호사-노데스가.

飲むお湯がほしいのですが。

■얼음과 물을 가져오세요.

고-리또 미즈오 못떼기떼 구다사이.

氷と水を持って来てください。

■어느 정도 시간이 걸립니까?

도노 쿠라이 지깡가 가까리마스까?

どのくらい時間がかかりますか。

■가능한 빨리 부탁합니다.

데끼루다께 하야꾸 오네가이시마스

できるだけ早くお願いします。

■샴푸(린스)가 필요한데요.

샴뿌-(린스)가 호시이노데스가.

シャンプー(リンス)が欲しいのですが。

■드라이어(목욕타월)을 가져오세요.

도라이야-(바스따오루)오 못떼기떼 구다사이.

ドライヤー(バスタオル)を持って来てください。

■너무 늦어서, 이제 필요 없습니다.

아마리 오소이노데, 모- 이리마셍.

あまり遅いので、もう要りません。

■짐이 있는데, 보이를 불러 주세요.

니모쯔가 아루노데, 보-이오 욘데 구다사이.

荷物があるので、ボーイを呼んでください。

숙박

■ 세탁을 부탁합니다.

센따꾸모노오 오네가이시마스

洗濯物をお願いします。

■ 이 옷을 세탁해 주세요.

고노 이루이오 센따꾸시떼 구다사이.

この衣類を洗濯してください。

■ 이 와이셔츠를 다려 주세요.

고노 와이샤쯔오 아이롱오 가께떼 구다사이.

このワイシャツをアイロンをかけてください。

■ 언제 됩니까?

이쯔 시아가리마스까?

いつ仕上がりますか。

■ 제 세탁물은 다 되었습니까?

와따시노 센따꾸모노와 데끼마시다까?

私の洗濯物はできましたか。

■ 세탁물이 아직 안 왔는데요.

센따꾸모노가 모도라나이노데스가.

洗濯物が戻らないのですが。

■ 호텔 안에 미용실(이발소)은 있나요?

호떼루 나이니 비요-잉(리하쯔뗑)와 아리마스까?

ホテル内に美容院(理髪店)はありますか。

■ 몇 시에 개(폐)점하나요?

난지니 카이(헤이)뗑 시마스까?

何時に開(閉)店しますか。

■ 샴푸와 세트를 부탁해요.

샴뿌-또 셋또오 오네가이시마스

シャンプーとセットをお願いします。

■ 가볍게(뽀글뽀글) 파마해 주세요.

가루꾸(기쯔꾸) 파마시떼 구다사이.

軽く(きつく)パーマしてください。

■ 헤어스프레이는 뿌리지 마세요.

헤아스뿌레이와 쓰께나이데 구다사이.

ヘアスプレイはつけないでください。

■ 커트와 면도를 부탁해요.

캇또또 히게소리오 오네가이시마스

カットとひげ剃りをお願いします。

■3센티미터 커트해 주세요.
상 센치 캇또시떼 구다사이.

3センチカットしてください。

■끝만 가지런히 잘라 주세요.
사끼노 호-다께 기리소로에떼 구다사이.

先のほうだけ切りそろえてください。

■너무 짧게 하지 마세요.
아마리 미지까꾸 시나이데 구다사이.

あまり短くしないでください。

■머리를 염색하고 싶은데요.
가미오 소메따인데스가.

髪を染めたいんですが。

■갈색으로 염색해 주세요.
챠이로니 소메떼 구다사이.

茶色に染めてください。

■헤어스타일을 바꾸고 싶습니다.
가미가따오 가에따이데스

髪型を変えたいです。

■헤어드라이로 말려 주세요.
헤아도라이야-오 가께떼 구다사이.

ヘアドライヤーをかけて下さい。

■방에 열쇠를 놓고 나왔습니다.

헤야니 가기오 와스레마시따.

部屋に鍵を忘れました。

■열쇠를 잃었습니다.

가기오 나꾸시마시따.

鍵をなくしました。

■문 열쇠가 잠기지 않습니다.

도아노 가기가 가까리마셍.

ドアの鍵がかかりません。

■잠깐 와 주세요.

춋또 기떼 구다사이.

ちょっと来てください。

■옆방이 시끄러운데요.

도나리노 헤야가 우루사이노데스가.

となりの部屋がうるさいのですが。

■다른 방으로 바꿔 주시겠어요?

호까노 헤야니 가에떼 이따다께마스까?

他の部屋に替えていただけますか。

■ 방이 무척 추운(더운)데요.

헤야가 도떼모 사무(아쯔)인데스가.

部屋がとても寒(暑)いんですが。

■ 에어컨이 고장났습니다.

에아꽁가 고와레떼 이마스

エアコンが壊れています。

■ 화장실이 막혀버린 것 같은데요.

토이레가 쓰맛떼시맛따 요-데스

トイレが詰まってしまったようです。

■ 샤워기에 뜨거운 물이 나오지 않아요.

샤와노 오유가 데마셍.

シャワーのお湯が出ません。

■ 수돗물이 나오지 않아요.

스이도-노 미즈가 데마셍.

水道の水が出ません。

■ 무슨 이상한 냄새가 나는데요.

낭까 헨나 니오이가 시마스

何か変な匂いがします。

■ 방 전기가 켜지지 않습니다.

헤야노 뎅끼가 쓰끼마셍.

部屋の電気がつきません。

■ 텔레비전 화면이 너무 안 좋아요.

テレビノ 우쯔리가 와루스기마스

テレビの映りが悪すぎます。

■ 방을 깨끗이 청소해 주세요.

헤야오 기레이니 소-지시떼 구다사이.

部屋をきれいに掃除してください。

■ 컵이 하나 부족합니다.

콥뿌가 히또쯔 다리마셍.

コップが一つ足りません。

■ 칫솔과 치약을 주세요.

하부라시또 하미가끼꼬오 구다사이.

歯ブラシと歯磨き粉をください。

■ 비누가 없습니다.

섹껭가 아리마셍.

石鹸がありません。

■ 의사를 불러주세요.

이샤오 욘데 구다사이.

医者を呼んでください。

■ 고쳐 주시겠어요?

나오시떼 모라에마스까?

直してもらえますか。

75

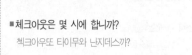

■체크아웃은 몇 시에 합니까?

첵카우또 타이무와 난지데스까?

チェックアウトタイムは何時ですか。

■내일 아침 일찍 출발합니다.

아시따노 아사하야꾸 슛빠쯔시마스

明日の朝早く出発します。

■체크아웃을 부탁합니다.

첵꾸아우또오 오네가이시마스

チェックアウトをお願いします。

■맡긴 귀중품을 주세요.

아즈께따 기쬬-힝오 오네가이시마스

預けた貴重品をお願いします。

■여러모로 신세를 졌습니다.

이로이로 오세와니 나리마시다.

いろいろお世話になりました。

■택시를 불러 주세요.

타꾸시-오 욘데 구다사이.

タクシーを呼んでください。

76

■ 방에 물건을 두고 나왔습니다.

헤야니 와스레모노오 시마시따.

部屋に忘れ物をしました。

■ 고맙습니다. 여기 계산서입니다.

아리가또-고자이마스 하이, 간죠-가끼데스

ありがとうございます。はい、勘定書です。

■ 계산 착오가 있는 것 같습니다.

게-산치가이가 아루 요-데스

計算違いがあるようです。

■ 신용카드로 지불해도 됩니까?

시하라이와 쿠레짓또카-도데모 이-데스까?

支払いはクレジットカードでもいいですか。

■ 1박을 더 하고 싶은데요.

모- 입빠꾸시따이노 데스가.

もう一泊したいのですが。

■ 체재는 어떠셨습니까?

고타이자이와 이까가데시다까?

ご滞在はいかがでしたか。

■ 덕분에 즐겁게 보냈습니다.

오까게사마데 다노시꾸 스고시마시따.

お陰さまで楽しく過ごしました。

77

예약	요야꾸	予約
몇 박	남빠꾸	何泊
싱글룸	싱구루루-무	シングルルーム
트윈룸	쓰인루-무	ツインルーム
욕실	바스루-무	バスルーム
샤워	샤와	シャワー
단체손님	단따이카꾸	団体客
귀중품	기쬬-힝	貴重品
보관소	아즈까리쇼	預り所
벨캡틴	베루카푸뗀	ベルキャプテン
지배인	시하이닝	支配人
룸메이드	루-무메이도	ルームメイド
게스트 카드	게스또 카도	ゲストカード
키 카드	카- 카도	キーカード
유리잔	가라스노 콥뿌	ガラスのコップ
뜨거운 물	오유	お湯
찬물	미즈	水
생수	미네라루워-따-	ミネラルウォーター
슬리퍼	스립빠	スリッパ
욕실매트	바스맛또	バスマット
샤워캡	샤와-캅뿌	シャワーキャップ
재떨이	하이자라	灰皿
쓰레기통	고미바꼬	ゴミ箱
봉사료	사-비스료-	サービス料
합계	고-께-	合計
음식비	인쇼꾸다이	飲食代
세탁비	쿠리-닝구다이	クリーニング代
사인	사인	サイン

식사

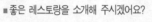

식사

■ 좋은 레스토랑을 소개해 주시겠어요?

아- 레스또랑오 쇼-까이시떼 이따다께마스까?

いいレストランを紹介していただけますか。

■ 어떤 요리를 좋아하십니까?

돈나 오료-리가 스끼데스까?

どんなお料理が好きですか。

■ 일본요리를 먹고 싶습니다.

니혼료-리가 다베따인데스

日本料理が食べたいんです。

■ 이 주위에 한국식당은 있나요?

고노 아따리니 캉꼬꾸료-리노 미세와 아리마스까?

この辺りに韓国料理の店はありますか。

■ 어느 주변이 식당이 많아요?

레스또랑노 오-이노와 도노 아따리데스까?

レストランの多いのはどの辺りですか。

■ 이 시간에 열려 있는 레스토랑은 있나요?

고노 지깡 아이떼 이루 레스또랑와 아리마스까?

この時間開いているレストランはありますか。

■이 고장의 명물요리를 먹고 싶은데요.

고노 도찌노 메-부쯔료-리가 다베따이노데스가.

この土地の名物料理が食べたいのですが。

■가장 가까운 중화요리점은 어디에 있나요?

이찌방 치까이 츄-까료-리노 미세와 도꼬데스까?

いちばん近い中華料理の店はどこですか。

■저기에 보이는 가게가 맛있습니다.

아소꼬니 미에루 미세가 오이시-데스

あそこに見える店がおいしいです。

■그 가게에서 불고기도 먹을 수 있나요?

소노 미세데 야끼니꾸모 다베라레마스까?

その店で焼肉も食べられますか。

■이 호텔 안에도 한국식당이 있나요?

고노 호떼루노 나까니모 캉꼬꾸료-리와 아리마스까?

このホテルの中にも韓国料理屋はありますか。

■이 근처에 선술집은 없나요?

고 치까꾸니 이자까야와 아리마셍까?

この近くに居酒屋はありませんか。

■간단히 먹을 수 있는 식당은 있나요?

간딴니 다베라레루 쇼꾸도-와 아리마스까?

簡単に食べられる食堂はありますか。

81

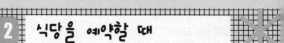

식사

■ 예약하지 않아도 식사할 수 있나요?

요야꾸시나꾸떼모 쇼꾸지 데끼마스까?

予約しなくて食事できますか。

■ 몇 분이십니까?

난닌사마데스까?

何人様ですか。

■ 어떻게 갑니까?

도-얏떼 이꾸노데스까?

どうやって行くのですか。

■ 세 분이시군요. 성함을 말씀하십시오.

산닌사마데스네. 오나마에오 도-조

三人様ですね。お名前をどうぞ。

■ 오늘밤 7시에 5인분을 예약하고 싶은데요.

곰방 시찌지니 고닝붕 요야꾸시따인 데스가.

今晩七時に五人分予約したいんですが。

■ 몇 시쯤이 좋을까요?

난지고로가 요로시-데쇼-까?

何時ごろがよろしいでしょうか。

■ 유감스럽지만, 오늘밤은 자리가 다 찼습니다.

아이니꾸 곰방와 만세끼데스

あいにく今晩は満席です。

■ 미안하지만, 1시간 정도 늦겠습니다.

스미마셍가, 이찌지깡호도 오꾸레마스

すみませんが、一時間ほど遅れます。

■ 그럼, 6시에 부탁합니다.

데와, 로꾸지니 오네가이시마스

では、六時にお願いします。

■ 창쪽 좌석을 주세요.

마도가와노 세끼니 오네가이시마스

窓側の席にお願いします。

■ 예약을 확인할 수 있나요?

요야꾸노 카꾸닝가 데끼마스까?

予約の確認ができますか。

■ 7시 예약을 취소하고 싶은데요.

시찌지노 요야꾸오 칸세루시따인데스가.

七時の予約をキャンセルしたいんですが。

■ 오늘 예약을 내일로 변경할 수 있나요?

쿄-노 요야꾸오 아시따니 헹꼬-데끼마스까?

今日の予約を明日に変更できますか。

식사

■어서오십시오.

이랏샤이마세.

いらっしゃいませ。

■몇 분이십니까?

난닌사마데스까?

何人様ですか。

■안녕하세요. 예약을 한 김입니다.

곰방와. 요야꾸시떼 아루 김데스

こんばんは。予約してある金です。

■3명이 앉을 자리는 있나요?

산닌노 세끼와 아리마스까?

三人の席はありますか。

■창가 자리로 부탁합니다.

마도기와노 세끼오 오네가이시마스

窓際の席をお願いします。

■구석 자리가 좋겠는데요.

스미노 세끼가 이인데스가.

隅の席がいいんですが。

■ 안내해 드릴 때까지 기다려 주십시오.

고안나이스루마데 오마찌 쿠다사이.

ご案内するまでお待ちください。

■ 우리들은 7시에 여기를 나가고 싶은데요.

와따시다찌와 시찌지니 고꼬오 데따이노데스가.

私たちは七時にここを出たいのですが。

식사

■ 안녕하세요. 두 사람인데요, 좌석은 있나요?

곰방와. 후따리데스가, 세끼와 아리마스까?

こんばんは。二人ですが、席はありますか。

■ 아쉽게도 자리가 다 차서 기다리셔야 되겠는데요.

아이니꾸 만세끼나노데 오마쩨네가우 고또니 나리마스가.

あいにく満席なのでお待ち願うことになりますが。

■ 어느 정도 기다립니까?

도노 쿠라이 마찌마스까?

どのくらい待ちますか。

■ 30분 정도면 자리가 날 것 같습니다.

산짓뿡 호도데 세끼가 아꾸또 오모이마스

三十分ほどで席が空くと思います。

■ 그럼, 기다리겠습니다.

데와, 마찌마스

では、待ちます。

식사

■ 메뉴를 보여 주세요.

메뉴오 미세떼 구다사이.

メニューを見せてください。

■ 뭘로 드시겠습니까?

나니니 나사이마스까?

何になさいますか。

■ 마실 것은 뭘로 하시겠습니까?

오노미모노와 나니니 나사이마스까?

お飲み物は何になさいますか。

■ 이 가게는 무엇이 맛있습니까?

고노 미세와 나니가 오이시-데스까?

この店は何がおいしいですか。

■ 어느 메뉴가 인기가 있나요?

도노 메뉴가 닝끼가 아리마스까?

どのメニューが人気がありますか。

■ 주문은 결정되셨습니까?

고츄-몽와 오키마리데스까?

ご注文はお決まりですか。

■ 미안합니다. 아직 정하지 못했습니다.

스미마셍, 마다 기메떼 이마셍.

すみません、まだ決めていません。

■ 저는 초밥으로 할게요.

와따시와 스시니 시마스

私は寿司にします。

■ (메뉴를 가리키며) 이걸로 할게요.

고레니 시마스

これにします。

■ 빨리 되는 것은 뭡니까?

하야꾸 데끼루 모노와 난데스까?

早くできるものは何ですか。

■ 뭐가 빨리 되는가요?

나니가 스구니 데끼마스까?

何がすぐにできますか。

■ 이건 어떤 요리입니까?

고레와 돈나 료-리데스까?

これはどんな料理ですか。

■ 물수건은 없나요?

오시보리와 아리마셍까?

お絞りはありませんか。

■이 가게에서 제일 잘하는 요리는 뭡니까?

고노 미세노 지망와 난데스까?

この店の自慢は何ですか。

■이 요리는 맛있습니까?

고노 료-리와 오이시-데스까?

この料理はおいしいですか。

■이건 어떤 맛입니까?

고레와 돈나 아지데스까?

これはどんな味ですか。

■산뜻한 것은 없나요?

삽빠리시따 모노와 아리마셍까?

さっぱりした物はありませんか。

■디저트는 나중에 부탁할게요.

데자-또와 아뗴 다노미마스

デザートはあとで頼みます。

■뭔가 특별한 요리를 먹고 싶은데요.

나니까 도꾸베쯔나 료-리가 다베따이노데스가.

何か特別な料理が食べたいのですが。

■정식은 있나요?

테-쇼꾸와 아리마스까?

定食はありますか。

■ 요리가 아직 안 나왔습니다.
  료-리가 마다 기마셍.

料理がまだ来ません。

■ 주문한 것과 다릅니다.
  츄-몬시따 모노또 치가이마스

注文したものと違います。

■ 이건 주문하지 않았습니다.
  고레와 츄-몬시떼 이마셍.

これは注文していません。

■ 이건 여기가 아닙니다.
  고레와 고꼬쟈 아리마셍.

これはここじゃありません。

■ 주문한지 30분이 되었습니다, 아직 멀었습니까?
  츄-몬시떼 산집뿐니 나리마스가, 마다데스까?

注文して三十分になりますが、まだですか。

■ 빨리 해 주세요.
  하야꾸 시떼 구다사이.

早くしてください。

89

■이 요리에 머리카락이 들어 있어요.

고노 료-리니 가미노께가 하잇떼 마스요

この料理に髪の毛が入ってますよ。

■좀더 구워 주세요.

모- 스꼬시 야이떼 구다사이.

もう少し焼いてください。

식사

■접시가 깨졌습니다.

오사라가 와레떼 이마스.

お皿が割れています。

■테이블에 물을 엎질러버렸는데요.

테-부루니 미즈오 고보시딴데스가.

テーブルに水をこぼしたんですが。

■이 스푼은 더러워요.

고노 수푸-ㄴ와 요고레떼 이마스

このスプーンは汚れています。

■약간 덜 익은 것 같은데요.

춋또 히가 도옷떼 나이 요-데스가.

ちょっと火が通ってないようですが。

■너무 많아서 다 먹을 수 없습니다.

춋또 오-스기떼 다베라레마셍.

ちょっと多すぎて食べられません。

식사

■ 먹는 법을 가르쳐 주세요.

다베카따오 오시에떼 구다사이.

食べ方を教えてください。

■ 소금(간장)을 집어 주세요.

시오(쇼-유)오 돗떼 구다사이.

塩(醤油)を取ってください。

■ 생수를 주세요.

미네라루 워-따오 구다사이.

ミネラルウォーターを下さい。

■ 밥 하나 더 주세요.

고항노 오까와리오 구다사이.

ご飯のおかわりをください。

■ 젓가락(포크)을 떨어뜨렸습니다.

하시(후-꾸)오 오또시떼 시마이마시다.

箸(フォーク)を落してしまいました。

■ 접시를 바꿔 주세요.

사라오 가에떼 구다사이.

皿をかえてください。

■ 매우 맛있습니다.

도떼모 오이시-데스

とてもおいしいです。

■ 디저트를 주세요.

데자-또오 구다사이.

デザートを下^ださい。

■ 디저트에는 뭐가 있나요?

데자-또니와 나니가 아리마스까?

デザートには何^{なに}がありますか。

■ 무슨 차가운 것을 주세요.

나니까 쯔메따이 모노오 구다사이.

何^{なに}が冷^{つめ}たいものを下^ださい。

■ 디저트 대신에 과일을 줄 수 있나요?

데자-또노 가와리니 구다모노오 모라에마스까?

デザートのかわりに果物^{くだもの}をもらえますか。

■ 차를 주세요.

오쨔오 구다사이.

お茶^{ちゃ}をください。

■ 담배를 피워도 될까요?

다바꼬오 슷떼모 이-데스까?

タバコを吸<sup>す</sup ってもいいですか。

92

음식 맛에 대해 말할 때

■ 맛은 어때요?

아지와 도-데스까?

味はどうですか。

■ 맛있어요?

오이시-데스까?

おいしいですか。

■ 이거 매우 맛있군요.

고레, 도떼모 오이시-데스네.

これ、とてもおいしいですね。

■ 맛이 없군요.

마즈이데스네.

まずいですね。

■ 이 된장국은 짜군요.

고노 미소시루와 숍빠이데스네.

この味噌汁はしょっぱいですね。

■ 너무 달군요.

아마스기마스네.

甘すぎますね。

■이 김치는 너무 맵군요.

고노 기무치와 카라스기마스요.

このキムチは辛すぎますよ。

■좀 싱겁군요.

춋또 우스아지데스네.

ちょっと薄味ですね。

■이건 맛있군요.

고레와 우마이데스네.

これはうまいですね。

■이건 맛이 개운하군요.

고레와 구찌가 삽빠리데스네.

これは口がさっぱりですね。

■이건 씹는 맛이 좋군요.

고레와 하자와리가 아데스네.

これは歯触りがいいですね。

■이건 입에 맞을 것 같은데요.

고레와 구찌니 아우또 오모이마스가.

これは口に合うと思いますが。

■이건 별로 입에 맞지 않군요.

고레와 아마리 구찌니 아와나이데스네.

これはあまり口に合わないですね。

94

■ 오늘밤 한 잔 하시겠습니까?

공야 입빠이 이까가데스까?

今夜一杯いかがですか。

■ 한 잔 마시고 가지 않겠어요?

입빠이 논데 이까마셍까?

一杯飲んで行きませんか。

■ 오늘밤 한 잔 살게요.

공야 입빠이 오고리마스요

今夜一杯おごりますよ。

■ 평소에 어느 정도 마십니까?

히고로 도노 쿠라이 노미마스까?

日ごろどのくらい飲みますか。

■ 저는 맥주 한 잔에도 취해 버립니다.

와따시와 바루 입빠이데모 욧떼 시마운데스

私はビール一杯でも酔ってしまうんです。

■ 주량은 소주 한 병입니다.

쇼-쮸- 입뽕가 겐도데스

焼酎一本が限度です。

■술은 전혀 못합니다.
오사께와 맛따꾸 디메난데스
お酒はまったくだめなんです。

■술은 한 방울도 못 마십니다.
사께와 잇떼끼모 노메마셍.
酒は一滴も飲めません。

■맥주 한 병 주세요.
바-루오 입뽕 구다사이.
ビールを一本ください。

■안주도 주세요.
오쓰마미모 구다사이.
おつまみも下さい。

■이제 됐습니다.
모- 겟꼬-데스
もう結構です。

■아직 괜찮습니까?
마다 다이죠-부데스까?
まだ大丈夫ですか。

■취했어요.
요이마시다.
酔いました。

■ 이제 그만하겠습니다.

모- 야메떼 오끼마스

もうやめておきます。

■ 더 이상 마시면 취합니다.

고레 이죠- 논다라 욥빠랏떼 시마이마스.

これ以上飲んだら酔っぱらってしまいます。

■ 너무 마시는 게 아닙니까?

노미스기쟈 아리마셍까?

飲みすぎじゃありませんか。

■ 상당히 취하는군요.

즈이붕 욧떼 마스네.

ずいぶん酔ってますね。

■ 술이 깨면 갑시다.

요이가 사메따라 가에리마쇼-.

酔いが覚めたら帰りましょう。

■ 토할 것 같습니다.

모도시소-데스

もどしそうです。

■ 술이 깼습니다.

요이가 사메떼 시마이마시다.

酔いが覚めてしまいました。

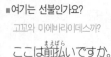

9 음식값을 계산할 때

식사

■ 여기는 선불인가요?

고꼬와 마에바라이데스까?

ここは前払いですか。

■ 계산을 부탁합니다.

오칸죠-오 오네가이시마스

お勘定をお願いします。

■ 계산을 따로따로 하고 싶은데요.

간죠-오 베쯔베쯔니 하라이따인데스가.

勘定を別々に払いたいんですが。

■ 제가 전부 내겠습니다.

와따시가 마또메떼 하라이마스

私がまとめて払います。

■ 각자부담으로 합시다.

와리깐니 시마쇼.

割り勘にしましょう。

■ 봉사료는 포함되어 있나요?

사-비스료-와 후꾸마레떼 이마스까?

サービス料は含まれていますか。

98

■이 요금은 뭡니까?

고노 료-낑와 난데스까?

この料金は何ですか。

■전부해서 얼마입니까?

젬부데 오이꾸라데스까?

全部でおいくらですか。

■계산이 틀린 것 같은데요.

게-상가 치갓떼 이루 요-데스

計算が違っているようです。

■다시 한번 확인해 주세요.

모- 이찌도 카꾸닝시떼 구다사이.

もう一度確認してください。

■신용카드는 쓸 수 있나요?

쿠레짓또카-도와 쓰까에마스까?

クレジットカードは使えますか。

■여기에 사인을 부탁합니다.

고꼬니 사잉오 오네가이시마스

ここにサインをお願いします。

■영수증을 주세요.

료-슈-쇼오 구다사이.

領収書をください。

레스토랑	레스또랑	レストラン
한국요리	캉꼬꾸료-리	韓国料理
일본요리	니혼료-리	日本料理
중국요리	츄-까료-리	中華料理
양식	요-쇼꾸	洋食
경식당	게-쇼꾸도-	軽食堂
생선요리	사까나료-리	魚料理
고기요리	니꾸료-리	肉料理
메밀국수	소바	そば
리면	라-멩	ラーメン
빵	팡	パン
초밥	스시	寿司
떡	모찌	餅
우동	우동	うどん
절임	쓰께모노	漬物
된장국	미소시루	味噌汁
튀김	덴뿌라	てんぷら
전골	스끼야끼	すきやき
불고기	야끼니꾸	焼肉
샤부샤부	샤부샤부	しゃぶしゃぶ
만두	만쥬-	饅頭
김밥	노리마끼	海苔巻き
과자	오까시	お菓子
전병	센뻬이	煎餅
경단	당고	団子
소고기덮밥	규-동	牛丼
고기	니꾸	肉
닭고기	도리니꾸	鶏肉
생선	사까나	魚
밥	고항	ご飯

관광

관광

■ 관광안내소는 어디에 있나요?

강꼬-안나이죠와 도꼬데스까?

観光案内所はどこですか。

■ 이 도시의 안내책자는 있나요?

고노 마찌노 가이도북꾸와 아리마스까?

この町のガイドブックはありますか。

■ 시가지도를 주세요.

시가이치즈오 구다사이

市街地図をください。

■ 이 도시의 명소를 구경하고 싶은데요.

고노 마찌노 메-쇼오 겜부쯔시따인 데스가.

この町の名所を見物したいんですが。

■ 재미있는 곳이 있나요?

오모시로이 도꼬로가 아리마스까?

おもしろい所がありますか。

■ 유명한 명승고적은 어디에 있나요?

유-메-나 메-쇼큐-세끼와 도꼬데스까?

有名な名所旧跡はどこですか。

■ 저는 박물관을 보고 싶은데요.

게시끼노 아-노와 도꼬데스까?

私は博物館を見たいのですが。

■ 경치가 좋은 곳은 어디인가요?

게시끼노 아-노와 도꼬데스까?

景色がいいのはどこですか。

■ 여기서 멉(가깝습)니까?

고꼬까라 도-이(치까이)데스까?

ここから遠い(近い)ですか。

■ 여기서 걸어갈 수 있나요?

고꼬까라 아루이떼 이께마스까?

ここから歩いて行けますか。

■ 왕복으로 어느 정도 시간이 걸립니까?

오-후꾸데 도노 쿠라이 지깡가 가까리마스까?

往復でどのくらい時間がかかりますか。

■ 버스(전철)로 갈 수 있나요?

바스(덴샤)데 이께마스까?

バス(電車)で行けますか。

■ 당일치기로 갈 수 있는 곳을 알려 주세요.

히가에리데 이께루 도꼬로오 오시에떼 구다사이.

日帰りで行けるところを教えてください。

103

■ 거기는 어떻게 갑니까?

소꼬에와 도-얏떼 이꾸노데스까?

そこへはどうやって行くのですか。

■ 안내해 주시겠어요?

안나이시떼 모라에마셍까?

案内してもらえませんか。

■ 이 도시의 번화가를 구경하고 싶은데요.

고노 마찌노 항까가이오 겜부쯔시따인데스가.

この町の繁華街を見物したいんですが。

■ 온천에 가서 푹 쉬고 싶은데요.

온셍에 잇떼 육꾸리 야스미따인데스가.

温泉へ行ってゆっくり休みたいんですが。

■ 추천할만한 관광지를 소개해 주십시오.

오스스메노 강꼬-찌오 고쇼-까이 구다사이.

お勧めの観光地をご紹介ください。

■ 선물가게는 있나요?

기후또숍뿌와 아리마스까?

ギフトショップはありますか。

■ 화장실은 어디에 있나요?

토이레와 도꼬데스까?

トイレはどこですか。

2 관광버스 · 투어를 이용할 때

■ 관광투어에 참가하고 싶은데요.

강꼬-쓰아니 상까시따이노데스가.

観光ツアーに参加したいのですが。

관광

■ 어떤 종류의 투어가 있나요?

돈나 슈루이노 쓰아가 아리마스까?

どんな種類のツアーがありますか。

■ 투어 팜플렛을 주세요.

쓰아노 팡후렛또오 구다사이.

ツアーのパンフレットを下さい。

■ 시내 투어는 있나요?

시나이노 쓰아와 아리마스까?

市内のツアーはありますか。

■ 하루(반나절) 코스는 있나요?

이찌니찌(한니찌)노 코-스와 아리마스까?

一日(半日)のコースはありますか。

■ 오전(오후) 코스는 있나요?

고젱(고고)노 코-스와 아리마스까?

午前(午後)のコースはありますか。

105

■ 야간 코스는 없나요?

요루노 코-스와 아리마셍까?

夜のコースはありませんか。

■ 야간관광은 있나요?

나이또 쓰아와 아리마스까?

ナイトツアーはありますか。

■ 그 투어는 어디를 돕니까?

소노 쓰아와 도꼬오 미와리마스까?

そのツアーはどこを回りますか。

■ 당일치기할 수 있는 곳이 좋겠는데요.

히가에리 데끼루 도꼬로가 이인데스가.

日帰りできるところがいいんですが。

■ 도쿄를 한바퀴 돌 수 있는 버스는 있나요?

도-꾜-오 히또마와리 데끼루 바스와 아리마스까?

東京を一回りできるバスはありますか。

■ 투어 내용을 알고 싶은데요.

쓰아노 나이요-가 시리따인데스가.

ツアーの内容が知りたいんですが。

■ 혼자도 괜찮습니까?

히또리데모 가마이마셍까?

一人でもかまいませんか。

106

■ 인기가 높은 투어를 소개해 주세요.

닝끼노 다까이 쓰아오 쇼-까이시떼 구다사이.

人気の高いツアーを紹介してください。

■ 투어는 몇 시간 걸립니까?

쓰아와 난지깡 가까리마스까?

ツアーは何時間かかりますか。

■ 식사는 나옵니까?

쇼꾸지와 쓰이떼 이마스까?

食事は付いていますか。

■ 6시까지 돌아올 수 있나요?

로꾸지마데 모도레마스까?

六時まで戻れますか。

■ 출발은 몇 시입니까?

슛빠쯔와 난지데스까?

出発は何時ですか。

■ 어디에서 떠납니까?

도꼬까라 데마스까?

どこから出ますか。

■ 명소는 몇 군데 있나요?

메-쇼와 낭까쇼 아리마스까?

名所は何か所ありますか。

■ 거기서 자유시간은 있나요?

소꼬데 지유-지깡와 아리마스까?

そこで自由時間はありますか。

■ 요금은 얼마인가요?

료-낑와 이꾸라데스까?

料金はいくらですか。

■ 여기서 예약할 수 있나요?

고꼬데 요야꾸 데끼마스까?

ここで予約できますか。

■ 티켓은 어디서 살 수 있나요?

치껫또와 도꼬데 가에마스까?

チケットはどこで買えますか。

■ 관광버스는 어디서 탈 수 있나요?

깡꼬-바스와 도꼬데 노레마스까?

観光バスはどこで乗れますか。

■ 택시로 관광하고 싶은데요.

타꾸시-데 깡꼬-시따이노데스가.

タクシーで観光したいのですが。

■ 다른 투어는 없나요?

베쓰노 쓰아-와 아리마셍까?

別のツアーはありませんか。

■오전 9시까지 타십시오.

고젱 구지마데니 오노리 쿠다사이.

午前九時までにお乗りください。

■여기서 어느 정도 정차합니까?

고꼬데 도노 쿠라이 도마리마스까?

ここでどのくらい止まりますか。

■뭔가 먹을 시간은 있나요?

나니까 다베루 지깡와 아리마스까?

何か食べる時間はありますか。

■화장실에 갈 시간은 있나요?

토이레니 이꾸 지깡와 아리마스까?

トイレに行く時間はありますか。

■몇 시까지 버스에 돌아오면 됩니까?

난지마데니 바스니 모돗떼 구레바 아데스까?

何時までにバスに戻ってくればいいですか。

■앞으로 어느 정도면 도착합니까?

아또 도노 쿠라이데 쓰끼마스까?

あとどのくらいで着きますか。

■고마워요. 오늘은 매우 즐거웠습니다.

아리가또-. 쿄-와 도떼모 다노시깟따데스

ありがとう。今日はとても楽しかったです。

■ 저건 뭡니까?

아레와 난데스까?

あれは何ですか。

■ 저 건물은 무엇입니까?

아노 다떼모노와 난데스까?

あの建物は何ですか。

■ 어느 정도 높이(크기·길이)입니까?

도노 쿠라이 다까사(오-끼사·나가사) 데스까?

どのくらい高さ(大きさ・長さ)ですか。

■ 어느 정도 오래되었습니까?

도노 쿠라이 후루이노데스까?

どのくらい古いのですか。

■ 저건 무슨 강(산·호수)입니까?

아레와 난또이우 가와(야마·미즈우미) 데스까?

あれは何という川(山・湖)ですか。

■ 도쿄에서 가장 높은 빌딩은 무엇입니까?

도-꾜-데 이찌반 다까이 비루와 난데스까?

東京でいちばん高いビルは何ですか。

■여기의 명물은 뭡니까?

고꼬노 메-부쯔와 난데스까?

ここの名物は何ですか。

■이 절은 일본에서 가장 오래되었습니다.

고노 오떼라와 니혼데 이찌방 후루이데스

このお寺は日本でいちばん古いです。

■이건 언제쯤 세워졌습니까?

고레와 이쯔고로 다떼라레마시다까?

これはいつ頃建てられましたか。

■이와 같은 탑은 한국에도 있어요.

고노 요-나 토-와 캉꼬꾸니모 아리마스요

このような塔は韓国にもありますよ。

■이 건물은 어느 시대의 것입니까?

고노 다떼모노와 이쯔노 지다이노 모노데스까?

この建物はいつの時代のものですか。

■전망이 멋지군요.

스바라시- 나가메데스네.

すばらしい眺めですね。

■이 성은 오래되었습니까?

고노 시로와 후루인데스까?

この城は古いんですか。

111

■입장료는 얼마인가요?

뉴-죠-료-와 이꾸라데스까?

入場料はいくらですか。

■할인은 있나요?

와리비끼와 아리마스까?

割引はありますか。

■점심때는 폐관합니까?

히루도끼와 헤-깐시마스까?

昼どきは閉館しますか。

■오늘은 몇 시까지 엽니까?

쿄-와 난지마데 아이떼 이마스까?

今日は何時まで開いていますか。

■이 그림을 그린 사람은 누구입니까?

고노 에오 가이따노와 다레데스까?

この絵を描いたのはだれですか。

■여기에는 무슨 유명한 작품이 있습니까?

고꼬니와 나니까 유-메이나 사꾸힝가 아리마스까?

ここには何か有名な作品がありますか。

■이 박물관의 팜플렛은 있나요?

고노 하꾸부쯔깐노 팡후렛또와 아리마스까?

この博物館のパンフレットはありますか。

■무료 팜플렛은 있나요?

무료-노 팡후렛또와 아리마스까?

無料のパンフレットはありますか。

■선물가게는 어디에 있나요?

오미야게미세와 도꼬데스까?

お土産店はどこですか。

■인기 있는 선물은 뭡니까?

닝끼노 아루 오미야게와 난데스까?

人気のあるお土産は何ですか。

■그림엽서를 팝니까?

에하가끼오 웃떼 이마스까?

絵ハガキを売っていますか。

■뭔가 먹을 수 있는 곳은 있나요?

닝까 다베라레루 도꼬로와 아리마스까?

何か食べられるところはありますか。

■휴게소는 어디에 있나요?

큐-께-쇼와 도꼬데스까?

休憩所はどこですか。

■출구는 어디입니까?

데구찌와 도꼬데스까?

出口はどこですか。

113

■여기서 사진을 찍어도 괜찮습니까?

고꼬데 샤생오 돗떼모 이-데스까?

ここで写真を撮ってもいいですか。

■비디오를 찍어도 됩니까?

비데오오 돗떼모 이-데스까?

ビデオを撮ってもいいですか。

■여기는 촬영금지 구역입니다.

고꼬와 사쓰에-킨시노 구이끼데스

ここは撮影禁止の区域です。

■함께 찍읍시다.

잇쇼니 우쯔리마쇼.

一緒に写りましょう。

■제 사진을 찍어 주시지 않겠습니까?

와따시노 샤싱오 돗떼 이따다께마셍까?

私の写真を撮っていただけませんか。

■셔터를 누르기만 하면 됩니다.

샷따오 오스다께데스

シャッターを押すだけです。

■ 당신 사진을 찍어도 됩니까?

아나따노 사싱오 돗떼모 이-데스까?

あなたの写真を撮ってもいいですか。

■ 자, 찍습니다. 치즈.

사, 도리마스 치-즈

さ、撮ります。チーズ

관광

■ 이쪽으로 향하세요.

고찌라니 무이떼 구다사이.

こちらに向いてください。

■ 좀더 왼쪽(오른쪽)으로 다가서세요.

모- 스꼬시 히다리(미기)니 욧떼 구다사이.

もう少し左(右)に寄ってください。

■ 이쪽을 보세요.

고찌라오 미떼 구다사이.

こちらを見てください。

■ 움직이지 마세요.

우고까나이데 구다사이.

動かないでください。

■ 네, 좋습니다.

하이, 겟꼬-데스

はい、結構です。

115

■예쁘게 찍어 주세요.

기레이니 돗떼 구다사이네.

きれいに撮ってくださいね。

■건물이 보이도록 찍어 주세요.

다떼모노가 미에루 요-니 돗떼 구다사이.

建物が見えるように撮ってください。

■기념사진을 찍고 싶은데요.

기넨샤싱오 도리따인데스가.

記念写真を撮りたいんですが。

■찍을 테니까, 웃으세요.

우쯔시마스까라, 와랏떼 구다사이.

写しますから、笑ってください。

■이 사진을 보내겠습니다.

고노 샤싱오 오꾸리마스

この写真を送ります。

■주소를 여기에 적어 주세요.

주-쇼오 고꼬니 가이떼 구다사이.

住所をここに書いてください。

■필름은 어디서 살 수 있나요?

휘루무와 도꼬데 가에마스까?

フィルムはどこで買えますか。

116

■ 현상은 어디에서 하면 될까요?

겐조-와 도꼬니 다시따라 요이데쇼.

現像はどこに出したらよいでしょう。

■ 이 필름을 현상해 주세요.

고노 휘루무오 겐조-시떼 구다사이.

このフィルムを現像してください。

■ 이 사진을 인화해 주세요.

고노 샤싱오 야끼마시니 시떼 구다사이.

この写真を焼き増ししてください。

■ 언제 됩니까?

이쯔 데끼마스까?

いつ出来ますか。

■ 셔터 상태가 좋지 않습니다.

샷따-노 구아이가 와루이노데스

シャッターの具合が悪いのです。

■ 카메라를 떨어뜨려 버렸습니다.

카메라오 오또시떼 시마이마시다.

カメラを落してしまいました。

■ 잠깐 봐 줄 수 있어요?

춋또 시라베떼 모라에마스까?

ちょっと調べてもらえますか。

관광	강꾜-	観光
관광버스	강꾜-바스	観光バス
투어	쓰아	ツアー
코스	코-스	コース
하루	이찌니찌	一日
반나절	한니찌	半日
오전	고젱	午前
오후	고고	午後
당일치기 관광	히가에리강꾜-	日帰り観光
예약	요야꾸	予約
팜플렛	팜후렛또	パンフレット
투어요금	쓰아-료-낑	ツアー料金
입장권	뉴-죠-껭	入場券
미술관	비쥬쓰깡	美術館
박물관	하꾸부쯔깡	博物館
기념관	기넹깡	記念館
시청사	시쵸-샤	市庁舎
성	시로	城
궁전	큐-뎅	宮殿
사원	지잉	寺院
유적	이세끼	遺跡
동물원	도-부쯔엥	動物園
식물원	쇼꾸부쯔엥	植物園
유원지	유-엔찌	遊園地
수족관	스이조꾸깡	水族館
공원	고-엥	公園
바다	우미	海
섬	시마	島
해변	우미베	海辺
산강	야마·가와	山·川
호수	미즈우미	湖

오락

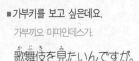

오락

■ 가부키를 보고 싶은데요.

가부끼오 미따인데스가.

歌舞伎を見たいんですが。

■ 가부키 극장은 어디에 있나요?

가부끼 게끼죠-와 도꼬데스까?

歌舞伎劇場はどこですか。

■ 오늘 프로그램은 뭡니까?

쿄-노 푸로구라무와 난데스까?

今日のプログラムは何ですか。

■ 오늘 표는 아직 있나요?

도-지즈껭와 미다 아리마스까?

当日券はまだありますか。

■ 몇 시에 공연을 시작합니까?

난지니 카이엔데스까?

何時に開演ですか。

■ 매표소는 어디에 있나요?

깁뿌우리바와 도꼬데스까?

切符売場はどこですか。

■ 표는 얼마입니까?

깁뿌와 이꾸라데스까?

切符はいくらですか。

■ 지정석입니까?

자세끼 시떼-데스까?

座席指定ですか。

■ 예매(당일)권을 주세요.

마에우리(도-지쯔)껭오 구다사이.

前売(当日)券をください。

■ 오늘은 몇 회 공연이 있나요?

쿄-와 낭까이 코-엥가 아리마스까?

今日は何回公演がありますか。

■ 아직 좋은 자리는 있나요?

마다 요이 세끼와 아리마스까?

まだよい席はありますか。

■ 이 극의 주역은 누구입니까?

고노 게끼노 슈야꾸와 다레데스까?

この劇の主役は誰ですか。

■ 재미있(재미없)습니까?

오모시로이(쓰마라나이)데스까?

面白い(つまらない)ですか。

121

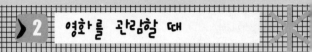
오락

■ 근처에 영화관이 있습니까?

치까꾸니 에-가깡가 아리마스까?

近くに映画館がありますか。

■ 어떤 영화를 볼까요?

돈나 에-가오 미마쇼-까?

どんな映画を見ましょうか。

■ 일본 영화를 보는 것은 어떨까요?

니혼노 에-가오 미루노와 도-데스까?

日本の映画を見るのはどうですか。

■ 지금 무슨 좋은 영화를 하고 있습니까?

이마, 낭까 이- 에-가오 얏떼 이마스까?

今、何かいい映画をやっていますか。

■ 주연은 누구입니까?

슈엥와 다레데스까?

主演はだれですか。

■ 밤에는 몇 시에 시작됩니까?

요루노 부와 난지니 하지마룬데스까?

夜の部は何時に始まるんですか。

■ 몇 시에 끝납니까?

난지니 오와룬데스까?

何時に終わるんですか。

■ 이 영화는 인기가 있습니까?

고노 에-가와 닝끼가 아리마스까?

この映画は人気がありますか。

■ 지금 가장 인기가 있는 배우는 누구입니까?

이마, 이찌반 닝끼노 아루 하이유-와 다레데스까?

今、いちばん人気のある俳優は誰ですか。

■ 한국 영화는 어디서 하고 있습니까?

캉꼬꾸노 에-가와 도꼬데 얏떼 이마스까?

韓国の映画はどこでやっていますか。

■ 내일 표는 있습니까?

아시따노 깁뿌와 아리마스까?

明日の切符はありますか。

■ 영화, 재미있었습니까?

에-가, 오모시로깟따데스까?

映画、面白かったですか。

■ 매우 감동했습니다.

도떼모 칸도-시마시다.

とても感動しました。

■ 손에 땀을 쥘 정도로 스릴이 있었습니다.

데니 아세오 니기루호도 스리루가 아리마시다.

手に汗を握るほどスリルがありました。

■ 무서워서 조마조마했습니다.

고와꾸떼 도끼도끼시마시다.

怖くてドキドキしました。

■ 영상이 매우 아름다웠습니다.

에-조-가 도떼모 우쯔꾸시깟따데스

映像がとても美しかったです。

■ 너무 불쌍해서 눈물이 나왔습니다.

아마리 가와이 소-데 나미다가 데마시다.

あまりかわいそうで涙が出ました。

■ 그 장면이 매우 인상에 남았습니다.

아노 사-ㄴ가 도떼모 인쇼-니 노꼿떼 이마스

あのシーンがとても印象に残っています。

■ 지루해서 졸음을 참는 데 힘들었습니다.

타이쿠쓰데 네무리오 고라에루노니 쿠로-시마시다.

退屈で眠りをこらえるのに苦労しました。

■ 그 영화는 텔레비전에서 보았습니다.

소노 에-가와 테레비데 미마시다.

その映画はテレビで見ました。

■ 금주 클래식 콘서트는 있습니까?

곤슈 쿠라식꾸 콘사-또와 아리마스까?

今週クラシックコンサートはありますか。

오락

■ 표는 어디서 살 수 있나요?

깁뿌와 도꼬데 가에마스까?

切符はどこで買えますか。

■ 오늘 표는 아직 있습니까?

쿄-노 깁뿌와 마다 아리마스까?

今日の切符はまだありますか。

■ 어떤 음악을 좋아합니까?

돈나 옹가꾸가 스끼데스까?

どんな音楽が好きですか。

■ 나는 팝을 무척 좋아합니다.

와따시와 폽푸스가 다이스끼데스

私はポップスが大好きです。

■ 저는 주로 엔카를 자주 듣습니다.

와따시와 오모니 엥까오 요꾸 기끼마스

私は主に演歌をよく聞きます。

125

■저는 마음이 차분해지는 클래식을 좋아합니다.

와따시와 고꼬로노 오찌쓰꾸 쿠라식꾸가 스끼데스

私は心の落ち着くクラシックが好きです。

■당신은 피아노를 칠 줄 압니까?

아니따와 피아노가 히께마스까?

あなたはピアノが弾けますか。

■좋아하는 가수는 있습니까?

스끼나 가슈와 이마스까?

好きな歌手はいますか。

■누구 팬입니까?

다레노 환데스가?

誰のファンですか。

■인기가 있는 가수는 누구입니까?

닝끼노 아루 가슈와 다레데스까?

人気のある歌手は誰ですか。

■저 그룹은 춤을 잘 추군요.

아노 구루-뿌와 오도리가 죠-즈데스네.

あのグループは踊りが上手ですね。

■이 노래를 들은 적이 있습니까?

고노 우따, 기이따 고또가 아리마스까?

この歌、聞いたことがありますか。

■ 저는 음치입니다.

와따시와 온찌데스

私は音痴です。

■ 혼자서는 못 부릅니다.

히또리데와 우따에마셍.

一人では歌えません。

■ 먼저 한 곡 부르세요.

마즈 잇꾜꾸 우땃떼 구다사이.

まず一曲歌ってください。

■ 다음은 당신 차례입니다.

쓰기와 아나따노 반데스요

次はあなたの番ですよ。

■ 당신의 애창곡은 무엇입니까?

아나따노 쥬-하찌방와 난데스까?

あなたの十八番は何ですか。

■ 이 미술관은 몇 시에 닫습니까?

고노 비쥬쓰깡와 난지니 시마리마스까?

この美術館は何時に閉まりますか。

■ 저 작품은 훌륭하군요.

아노 사꾸힝와 스바라시-데스네.

あの作品はすばらしいですね。

127

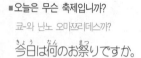

■오늘은 무슨 축제입니까?

교-와 난노 오마쯔리데스까?

今日は何のお祭りですか。

오락

■어떤 행사가 있나요?

돈나 모요오시모노가 아리마스까?

どんな催し物がありますか。

■외국인에게도 개방되어 있나요?

가이꼬꾸진니모 카이호-사레떼 이마스까?

外国人にも開放されていますか。

■어떤 유래가 있는 축제입니까?

돈나 유라이노 아루 오마쯔리데스까?

どんな由来のあるお祭りですか。

■축제 때 특별한 요리를 만듭니까?

오마쯔리노 도끼 토꾸베쯔나 료-리오 쓰꾸리마스까?

お祭りの時特別な料理を作りますか。

■가장 절정인 것은 며칠 째입니까?

이찌밤 모리아가루노와 난니찌메데스까?

一番盛り上がるのは何日目ですか。

128

■ 축제 기간에 시내에서 교통규제가 있나요?

오마쓰리노 기간 시나이데 고-쓰-키세-가 아리마스까?

お祭りの期間市内で交通規制がありますか。

■ 축제 때 금기 사항이 있나요?

오마쓰리노 도끼 타부-가 아리마스까?

お祭りの時タブーがありますか。

오락

■ 축제는 며칠부터 며칠까지입니까?

오마쓰리와 난니찌까라 난니찌마데 데스까?

お祭りは何日から何日までですか。

■ 축제 때 나들이옷을 입나요?

오마쓰리노 도끼 하레기오 기마스까?

お祭りの時晴れ着を着ますか。

■ 그 축제는 매년 있나요?

소노 오마쓰리와 마이토시 아루노데스까?

そのお祭りは毎年あるのですか。

■ 휴일은 며칠 간입니까?

오야스미와 난니찌깐데스까?

お休みは何日間ですか。

■ 이 축제는 어떤 의미가 있나요?

고노 오마쓰리니와 돈나 이미가 아리마스까?

このお祭りにはどんな意味がありますか。

129

오락

■ 파치코에 가보지 않겠어요?

파찡꼬야에 잇떼 미마셍까?

パチンコ屋へ行ってみませんか。

■ 좋은 파친코를 소개해 주세요.

이 파칭꼬야오 쇼-까이시떼 구다사이.

いいパチンコ屋を紹介してください。

■ 여기서 해도 됩니까?

고노 바떼 이-데스까?

この場でいいですか。

■ 여기에 걸겠습니다.

고레니 가께마스

これにかけます。

■ 잠깐 쉴게요.

춋또 야스미마스

ちょっと休みます。

■ 화투도 칩니까?

하나후다모 아리마스까?

花札もやりますか。

■ 내리겠습니다.

오리마스

降ります。

■ 카드를 돌리겠습니다.

카도오 쿠바리마스

カードを配ります。

■ 구슬을 돌리겠습니다.

다마오 마와시마스

玉を回します。

■ 이겼습니다.

가찌마시다.

勝ちました。

■ 졌습니다.

마께마시다.

負けました。

■ 땄습니다.

모-께마시다.

もうけました。

■ 그의 직업은 도박이라고 해도 과언이 아닙니다.

가레노 시고또와 바꾸찌우찌또 잇떼모 가곤데와 아리마셍.

彼の仕事は博打打ちといっても過言ではありません。

오락

■ 비어홀에 가서 맥주라도 마십시다.

비야호-루니 잇떼 바-루데모 노미마쇼.

ビヤホールに行ってビールでも飲みましょう。

■ 요금은 선불입니까?

료-낑와 마에바라이데스까?

料金は前払いですか。

■ 맥주 한 병 주세요.

바-루 입뽕 구다사이.

ビール一本ください。

■ 당신도 한 잔 해요.

아나따모 도-조

あなたもどうぞ。

■ 같은 걸로 한 잔 더 주세요.

모- 입빠이, 오나지 모노오.

もう一杯 同じものを。

■ 안주는 그다지 필요 없습니다.

쓰마미와 아마리 이리마셍.

つまみはあまり要りません。

■어디 맥주가 있습니까?

도꼬노 비루가 아리마스까?

どこのビールがありますか。

■생맥주 두 잔 주세요.

나마비-루오 후따쯔 구다사이.

生ビールを二つください。

오락

■물을 탄 스카치를 두 잔 주세요.

미즈와리오 후따쯔 구다사이.

水割りを二つください。

■무슨 먹을 것은 있습니까?

나니까 다베루 모노와 아리마스까?

何か食べる物はありますか。

■한 잔 더 주세요.

모- 입빠이 구다사이.

もう一杯ください。

■팁 받으세요.

칩뿌오 도-조

チップをどうぞ。

■춤출까요?

오도리마스까?

踊りますか。

133

■ 카바레에 가서 한 잔 합시다.

캬바레-니 잇떼 입빠이 야리마쇼.

キャバレーに行って一杯やりましょう。

■ 근처에 디스코텍이 있습니까?

치까꾸니 디스꼬텍꾸가 아리마스까?

近くにディスコテックがありますか。

■ 댄스홀에 가서 춤추지 않겠어요?

단스호-루에 잇떼 오돗떼 미마셍까?

ダンスホールへ行って踊ってみませんか。

■ 그 나이트클럽은 손님이 많습니까?

소노 나이또쿠라부니와 캬꾸가 오-이데스까?

そのナイトクラブには客が多いですか。

■ 인기가 있는 디스코는 어디입니까?

닝끼노 아루 디스꼬와 도꼬데스까?

人気のあるディスコはどこですか。

■ 택시로 몇 분 걸립니까?

타꾸시-데 남뿡 가까리마스까?

タクシーで何分かかりますか。

■ 그 요금에는 무엇이 포함되어 있습니까?

소노 료-낀니와 나니가 후꾸마레떼 이마스까?

その料金には何が含まれていますか。

오락

■ 스모도 관심이 있습니까?

스모-니모 간싱가 아리마스까?

相撲にも関心がありますか。

■ 재미있는 시합이 있습니까?

오모시로이 시아이가 아리마스까?

おもしろい試合がありますか。

■ 일본에서 가장 인기가 있는 스포츠는 뭡니까?

니혼데 이찌방 닝끼노 아루 스뽀-쯔와 난데스까?

日本でいちばん人気のあるスポーツは何ですか。

■ 야구 시합을 보고 싶은데요.

야꾸노 시아이오 미따이노데스가.

野球の試合を見たいのですが。

■ 축구 시합은 어디서 볼 수 있습니까?

삭까노 시아이와 도꼬데 미라레마스까?

サッカーの試合はどこで見られますか。

■ 스모 시합은 어디서 합니까?

스모-노 시아이와 도꼬데 야리마스까?

相撲の試合はどこでやりますか。

■그 시합은 언제입니까?

소노 시아이와 이쯔데스까?

その試合はいつですか。

■스타디움에 가려면 어떻게 하면 됩니까?

스타지아무니 이꾸니와 도-시따라 이-데스까?

スタジアムに行くにはどうしたらいいですか。

■시합은 몇 시쯤에 끝납니까?

시아이와 난지고로 오와리마스까?

試合は何時ごろ終わりますか。

■어디와 어디의 대결입니까?

도꼬또, 도꼬노 타이센데스까?

どこと、どこの対戦ですか。

■어떻게 표를 사면 될까요?

도-얏떼 치껫또오 가에바 아-노데쇼.

どうやってチケットを買えばいいのでしょう。

■어른 두 장과 어린이 한 장 주세요.

오또나 니마이또 고도모 이찌마이오 구다사이.

大人二枚と子供一枚をください。

■몇 시까지 들어가면 됩니까?

난지마데니 하이레바 이-데스까?

何時までに入ればいいですか。

■이 팀의 랭킹은 몇 위입니까?

고노 차-무노 랑낑구와 낭이데스까?

このチームのランキングは何位ですか。

■이 선수의 타율은?

고노 센슈노 다리쯔와?

この選手の打率は?

■저 선수는 누구입니까?

아노 센슈와 다레데스까?

あの選手は誰ですか。

■저 팀은 어느 나라입니까?

아노 차-무와 도꼬노 구니데스까?

あのチームはどこの国ですか。

■잘 싸웠어요.

요꾸 감바리마시다네.

よく頑張りましたね。

■무척 빠르군요.

즈이붕 하야이데스네.

ずいぶん速いですね。

■좋은 시합이었어요.

이- 시아이데시다네.

いい試合でしたね。

137

오락

■이 근처에 좋은 골프장은 없습니까?

고노 치까꾸니 요이 고루후조-와 아리마셍까?

この近くによいゴルフ場はありませんか。

■골프를 치고 싶은데요.

고루후오 시따이노데스가.

ゴルフをしたいのですが。

■골프는 좋아하십니까?

고루후오 오스끼데스까?

ゴルフはお好きですか。

■골프는 뭐니 해도 기초가 중요합니다.

고루후와 난또 잇떼모 기소가 다이지데스요.

ゴルフは何といっても基礎が大事ですよ。

■언제부터 골프를 시작했습니까?

이쯔까라 고루후오 하지메마시다까?

いつからゴルフを始めましたか。

■코스 요금은 얼마입니까?

코-스료-낑와 이꾸라데스까?

コース料金はいくらですか。

■예약을 하고 싶은데요.

요야꾸오 시따이노데스가.

予約をしたいのですが。

■오늘 플레이할 수 있나요?

쿄-, 푸레- 데끼마스까?

今日、プレーできますか。

■라켓을 두 개 주세요.

라켓또오 니홍 가시떼 구다사이.

ラケットを二本貸してください。

■이 호텔에 풀장은 있습니까?

고노 호떼루니 푸-루와 아리마스까?

このホテルにプールはありますか。

■무엇을 준비해야 합니까?

나니오 쥼비시나께레바 나리마셍까?

何を準備しなければなりませんか。

■어디에 신청하면 됩니까?

도꼬니 모-시꼬메바 아-데스까?

どこに申し込めばいいですか。

■말을 타보고 싶은데요.

우마니 놋떼 미따인데스가.

馬に乗ってみたいんですが。

■ 초보자도 괜찮습니까?

쇼신샤테모 다이죠-부데스까?

初心者でも大丈夫ですか。

■ 코스는 어디입니까?

코-스와 도꼬데스까?

コースはどこですか。

■ 무엇이 잡힙니까?

나니가 쓰레루노데스까?

何が釣れるのですか。

■ 낚시도구와 미끼도 필요합니다.

쓰리도-구또 에사모 히쯔요-데스

釣り道具とえさも必要です。

■ 스키를 타고 싶은데요.

스카-오 시따이노데스가.

スキーをしたいのですが。

■ 스키 도구는 어디서 빌릴 수 있습니까?

스카요-구와 도꼬데 가리루 고또가 데끼마스까?

スキー用具はどこで借りることができますか。

■ 짐 보관소는 어디입니까?

니모쯔아즈까리와 도꼬데스까?

荷物預かりはどこですか。

오락

■ 등산은 좋아합니까?

야마노보리와 스끼데스까?

山登りは好きですか。

■ 오늘은 등산하기에 좋은 날씨입니다.

쿄-와 야마노보리니 요이 히요리데스

今日は山登りによい日和です。

■ 안전한 코스가 있습니까?

안젠나 코-스가 아리마스까?

安全なコースがありますか。

■ 지쳤는데 조금 쉬었다 갑시다.

쓰까레따노데 스꼬시 야슨데 이끼마쇼.

疲れたので少し休んで行きましょう。

■ 목이 마른데 물을 주세요.

노도가 가와이따노데 미즈오 구다사이.

喉が渇いたので水をください。

■ 해수욕장에 자주 갑니까?

카이스이요꾸니 요꾸 이끼마스까?

海水浴によく行きますか。

■ 바닷바람이 상쾌하군요.

시오카제가 고꼬찌이이데스네.

潮風が心地好いですね。

극장	게끼죠-	劇場
가부키	가부끼	歌舞伎
무대	부따이	舞台
예고편	요꼬꾸헹	予告編
영화팬	에가황	映画ファン
스토리	스또-리-	ストーリー
배우	하이우-	俳優
여우	죠유-	女優
남우	단유-	男優
상영	죠-에-	上映
티켓	치껫또	チケット
콘서트	콘사-또	コンサート
엔카	엥까	演歌
인기	닝끼	人気
그룹	구루-뿌	グループ
춤	오도리	踊り
댄스	단스	ダンス
작품	사꾸힝	作品
작가	삭까	作家
입장료	뉴-죠-료-	入場料
파친코	파찡꼬	パチンコ
마작	마장	マージャン
카드	카-도	カード
구슬	다마	玉
디스코텍	디스꼬텍쿠	ディスコテック
나이트클럽	나이또쿠라부	ナイトクラブ
카바레	카바레-	キャバレー
댄스홀	단스호-루	ダンスホール
바	바-	バー
비어홀	비야호-루	ビヤホール
카페	카훼-	カフェー
다방	깃사뗑	喫茶店
가라오케	가라오께	カラオケ

통신

전화를 이용할 때

우편을 이용할 때

은행을 이용할 때

방문할 때

통신

■ 이 주변에 공중전화는 있습니까?

고노 헨니 고-슈-뎅와와 아리마스까?

この辺に公衆電話はありますか。

■ 여보세요, 기무라 씨이세요?

모시모시, 소찌라와 기무라산 데쇼-까?

もしもし、そちらは木村さんでしょうか。

■ 여보세요, 요시다 씨 댁입니까?

모시모시, 요시다산노 오따꾸데스까?

もしもし、吉田さんのお宅ですか。

■ 한국에서 온 김인데요, 다나카 선생님을 부탁합니다.

캉꼬꾸노 김데스가, 다나까 센세-오 오네가이시마스

韓国の金ですが、田中先生をお願いします。

■ 마쓰모토와 이야기를 하고 싶은데요.

마쓰모또또 오하나시시따이노 데스가.

松本とお話ししたいのですが。

■ 번호가 틀린 것 같은데요.

방고-오 오마찌가에노 요-데스가.

番号をお間違えのようですが。

■ 몇 번에 거셨습니까?

남방에 오카께데스까?

何番へおかけですか。

■ 미안합니다, 번호를 잘못 걸었습니다.

스미마셍, 방고오 가께마찌가에마시다.

すみません、番号をかけ間違えました。

■ 내선 10번을 부탁합니다.

나이센노 쥬-방오 오네가이시마스

内線の10番をお願いします。

■ 여보세요, 저는 김입니다.

모시모시, 고찌라 김데스

もしもし、こちら金です。

■ 잠시 기다려 주십시오.

도나따데쇼-까?

どなたでしょうか。

■ 바로 기무라 씨를 바꿔드리겠습니다.

다다이마 기무라산또 가와리마스

ただいま木村さんと代わります。

■ 미안합니다, 지금 다른 전화를 받고 있습니다.

스미마셍, 이마 베쓰노 뎅와니 데떼 오리마스

すみません、今別の電話に出ております。

145

■기다리게 해서 미안합니다. 기무라 씨는 지금 회의중입니다.

오마따세시떼 스미마셍. 기무라와 이마 카이기쮸-데스

お待たせしてすみません。木村は今会議中です。

■돌아오면 전화하도록 말할까요?

가엣따라 뎅와스루요-니 이-마쇼-까?

帰ったら電話するように言いましょうか。

■잠깐 자리를 비웠습니다.

춋또 세끼오 하즈시떼 오리마스

ちょっと席をはずしております。

■미안합니다. 아직 출근하지 않았습니다.

스미마셍. 마다 슛샤시떼 오리마셍.

すみません。まだ出社しておりません。

■방금 점심을 먹으러 나갔는데요.

다다이마 츄-쇼꾸니 데떼 오리마스가.

ただいま昼食に出ておりますが。

■미안합니다, 지금 회의중입니다.

스미마셍, 다다이마 카이기쮸-데스

すみません、ただいま会議中です。

■30분 후에 다시 걸어 주시겠습니까?

산집뿐고니 가께나오시떼 이따다께마스까?

30分後にかけなおしていただけますか。

■메시지를 전해 드릴까요?

덴공오 오쓰따에시마쇼-까?

伝言をお伝えしましょうか。

■알겠습니다. 메시지를 전해 드리겠습니다.

와까리마시다. 덴공오 오쓰따에시떼 오끼마스

わかりました。伝言をお伝えしておきます。

■실례했습니다. 끊어져 버렸습니다.

시쯔레-시마시다. 기레떼 시마이마시다.

失礼しました。切れてしまいました。

■나중에 다시 한번 걸게요.

아또데 모- 이찌도 가께나오시마스

あとでもう一度かけなおします。

■몇 시에 돌아오시는지 아십니까?

난지니 오모도리니 나루까 와까리마스까?

何時にお戻りになるかわかりますか。

■어떻게 연락할 방법은 없습니까?

난또까 렌라꾸스루 호-호-와 아리마셍까?

何とか連絡する方法はありませんか。

■기무라 씨 휴대폰 번호를 가르쳐 주겠어요?

기무라산노 케-따이뎅와노 방고-오 오시에떼 모라에마스까?

木村さんの携帯電話の番号を教えてもらえますか。

147

■ 전해 주시겠습니까?

뎅곤시떼 이따다께마스까?

伝言していただけますか。

■ 김한테 전화가 왔다고 전해 주십시오.

김까라 뎅와가 앗따또 오쓰따에 구다사이.

金から電話があったとお伝えください。

■ 교환을 통해야 합니까?

코-깐다이오 도-사나이또 이께마셍까?

交換台を通さないといけませんか。

■ 한국 서울로 전화를 하고 싶은데요.

캉꼬꾸노 소우루니 뎅와시따이노 데스가.

韓国のソウルに電話したいのですが。

■ 지명통화로 해 주세요.

시메-쓰-와니 시떼 구다사이.

指名通話にしてください。

■ 서울에 컬렉트콜로 해 주세요.

소우루에 코렉쿠또 코-루니 시떼 구레마스까?

ソウルへコレクトコールにしてくれますか。

■ 미안합니다, 통화를 취소해 주겠어요?

스미마셍, 쓰-와오 도리께시떼 모라에마스까?

すみません、通話を取り消してもらえますか。

148

■ 미안합니다. 우체국은 어디에 있나요?

스미마셍. 유-빙쿄꾸와 도꼬니 아리마스까?

すみません。郵便局はどこにありますか。

■ 우표는 어디에서 사나요?

깃떼와 도꼬데 가우노데스까?

切手はどこで買うのですか。

■ 그림엽서를 5장 주세요.

에하가끼오 고마이 구다사이.

絵ハガキを五枚ください。

■ 우표를 파는 창구는 몇 번인가요?

깃떼오 우루 마도구찌와 남반데스까?

切手を売る窓口は何番ですか。

■ 우표를 2장 주세요.

깃떼오 니마이 구다사이.

切手を二枚ください。

■ 항공편지를 10장 주세요.

코-꾸-쇼깡오 쥬-마이 구다사이.

航空書簡を十枚ください。

■이 편지 송료는 얼마입니까?

고노 데가미노 소료-와 이꾸라데스까?

この手紙の送料はいくらですか。

■항공편이라면 얼마나 듭니까?

코-꾸빈다또 이꾸라 가까리마스까?

航空便だといくらかかりますか。

■이걸 등기로 보내 주세요.

고레오 가끼또메니 시떼 구다사이.

これを書留にしてください。

■속달로 부탁합니다.

소꾸타쯔데 오네가이시마스

速達でお願いします。

■이걸 서울로 보내고 싶은데요.

고레오 소우루에 오꾸리따인데스가.

これをソウルへ送りたいんですが。

■서울까지 도착하는 데 어느 정도 걸립니까?

소우루마데 쓰꾸노니 도노 쿠라이 가까리마스까?

ソウルまで着くのにどのくらいかかりますか。

■더 빠른 방법으로 보내고 싶은데요.

못또 하야이 호-호-데 오꾸리따인데스가.

もっと速い方法で送りたいんですが。

■이걸 한국에 보내는 데에 얼마나 듭니까?

고레오 캉꼬꾸니 오꾸루노니 이꾸라 가까리마스까?

これを韓国に送るのにいくらかかりますか。

■여기에는 무엇을 기입하면 됩니까?

고꼬니와 나니오 기뉴-시따라 이-데스까?

ここには何を記入したらいいですか。

■발신인 이름과 주소는 어디에 쓰면 됩니까?

핫신닌노 나마에또 쥬쇼와 도꼬니 가이따라 이-데스까?

発信人の名前と住所はどこに書いたらいいですか。

■이 주변에 전보국이 있습니까?

고노 헨니 뎀뽀-쿄꾸와 아리마스까?

この辺に電報局はありますか。

■지급으로 부탁합니다.

시뀨-데 오네가이시마스

至急でお願いします。

■이 전문은 어느 나라말로 하시겠습니까?

고노 뎀붕와 나니고니 나리마스까?

この電文は何語になりますか。

■전보용지에 기입했습니다. 이것이면 되겠습니까?

뎀뽀-요-시니 기뉴-시마시다. 고레데 이-데쇼-까?

電報用紙に記入しました。これでいいでしょうか。

151

통신

■미안합니다. 이 근처에 은행이 있습니까?

스미마셍. 고노 치까꾸니 깅코-와 아리마스까?

すみません。この近くに銀行はありますか。

■여기서 환전해 줍니까?

고꼬데 료-가에시떼 모라에마스까?

ここで両替してもらえますか。

■1만엔을 잔돈으로 바꿔 주시겠어요?

이찌망엔오 구즈시떼 모라에마스까?

一万円をくずしてもらえますか。

■이 수표를 현금으로 바꿔 주시겠어요?

고노 코깃떼오 겡낀니 가에떼 모라에마스까?

この小切手を現金に換えてもらえますか。

■수표 전부를 서명해야 합니까?

고깃떼노 이찌마이 이찌마이니 쇼메-가 히쯔요-데스까?

小切手の一枚一枚に署名が必要ですか。

■오늘 환율은 얼마입니까?

쿄-노 코-깐레-또와 이꾸라데스까?

今日の交換レートはいくらですか。

■여행자용 수표를 현금으로 바꾸고 싶은데요.

료꾜샤요- 고깃떼오 겡낀니 가에따이노데스가.

旅行者用小切手を現金に換えたいのですが。

■용지에 기입했습니다.

요-시니 기뉴-시마시다.

用紙に記入しました。

■여행자수표를 사고 싶은데요.

료꾜-샤코깃떼오 가이따이노데스가.

旅行者小切手を買いたいのですが。

■5만엔을 인출하고 싶은데요.

오망엥 히끼다시따이노데스가.

五万円引き出したいのですが。

■현금자동인출기는 어디에 있습니까?

겡낀 지도-시하라이끼와 도꼬니 아리마스까?

現金自動支払機はどこにありますか。

■공제잔고는 얼마나 됩니까?

사시히끼잔다까와 이꾸라니 나리마스까?

差引残高はいくらになりますか。

■융자는 이용할 수 있습니까?

로-ㅇ와 리요- 데끼마스까?

ローンは利用できますか。

통신

■기무라 씨 댁은 이쪽입니까?

기무라산노 오따꾸와 고찌라데쇼-까?

木村さんのお宅はこちらでしょうか。

■요시다 씨는 댁에 계십니까?

요시다상와 고자이따꾸데스까?

吉田さんはご在宅ですか。

■김입니다. 야마자키 씨를 뵙고 싶은데요.

김데스. 야마자끼산니 오메니카까리따인데스가.

金です。山崎さんにお自にかかりたいんですが。

■기무라 씨와 3시에 약속을 했는데요.

기무라산또 산지니 약소꾸시떼 아리마스가.

木村さんと3時に約束してありますが。

■지나가다가 잠깐 들렀습니다.

도-리카깟따노데, 춋또 오타찌요리마시다.

通りかかったので、ちょっとお立ち寄りしました。

■신경쓰지 마십시오. 나중에 다시 뵙겠습니다.

고심빠이나꾸. 아또데 마따 우까가이마스

ご心配なく。あとでまたうかがいます。

■ 정식으로 찾아뵙겠습니다.

아라따메떼 고호-몽 이따시마스

改めてご訪問いたします。

■ 제가 왔다고 전해 주십시오.

와따시가 기따또 오쓰따에 구다사이.

私が来たとお伝えください。

■ 그럼 전화번호를 두고 가겠습니다.

소레데와 뎅와방고-오 오이떼 마이리마스

それでは電話番号を置いて参ります。

■ 너무 일찍 왔습니까?

춋또 구루노가 하야스기마시다까?

ちょっと来るのが早すぎましたか。

■ 늦어서 죄송합니다.

오소꾸 낫떼 스미마셍.

遅くなってすみません。

■ 자, 저는 괘념치 마시십시오.

도-조 와따시노 고또와 오까마이나꾸.

どうぞ私のことはおかまいなく。

■ 일하시는데 방해가 되지 않았으면 좋겠는데요.

오시고또노 오자마니 나라나께레바 이-노데스가.

お仕事のお邪魔にならなければいいのですが。

■자 편히 하십시오.

도-조 오라꾸니.

どうぞお楽に。

■고맙습니다. 편히 하고 있습니다.

도-모 모- 구쓰로이데 이마스

どうも。もうくつろいでいます。

■밝고 멋진 집이군요.

아까루이 스떼끼나 오스마이데스네.

明るいすてきなお住まいですね。

■주위가 조용하군요.

시즈까나 캉꾜-데스네.

静かな環境ですね。

■이 방은 아늑하군요.

고노 헤야와 이고꼬찌가 이-데스네.

この部屋は居心地がいいですね。

■실례합니다만, 화장실은 어디?

시쯔레-데스가, 토이레와?

失礼ですが、トイレは？

■슬슬 일어나겠습니다.

소로소로 오이또마시마스

そろそろおいとまします。

■ 너무 시간이 늦어서요.

모- 지깡가 오소이데스까라.

もう時間が遅いですから。

■ 그만 너무 오래 있었습니다.

쓰이 나가이오 시떼 시마이마시다.

つい長居をしてしまいました。

■ 더 있고 싶은데, 볼일이 있어서요.

못또 이따이노데스가, 요-지가 아리마스노데.

もっといたいのですが、用事がありますので。

■ 매우 즐거웠습니다. 정말 감사합니다.

도떼모 다노시깟따데스 혼또니 아리가또- 고자이마스

とても楽しかったです。本当にありがとうございます。

■ 오늘은 만나서 즐거웠습니다.

쿄-와 아에떼 우레시깟따데스

今日は会えてうれしかったです。

■ 저희 집에도 꼭 오세요.

와따시노 호-니모 제히 기떼 구다사이.

私の方にもぜひ来てください。

■ 와 주셔서 저야말로 즐거웠습니다.

기떼 이따다이떼, 고찌라꼬소 다노시깟따데스

来ていただいて、こちらこそ楽しかったです。

공중전화	고-슈-뎅와	公衆電話
국제전화	고꾸사이뎅와	国際電話
전화번호	뎅와방고-	電話番号
전화부스	뎅와복꾸스	電話ボックス
휴대전화	케-따이뎅와	携帯電話
다이얼	다이야루	ダイヤル
수화기	쥬와끼	受話器
전화료	뎅와료-	電話料
전화카드	뎅와카-도	電話カード
내선	나이셍	内線
컬렉트콜	코레꾸또코-루	コレクトコール
통화중	오하나시쮸-	お話中
우체국	유-빙쿄꾸	郵便局
봉투	후-또-	封筒
편지지	빈셍	便せん
엽서	하가끼	葉書
우편함	유-빔바꼬	郵便箱
우체통	포스또	ポスト
편지	데가미	手紙
선편	후나빙	船便
항공편	코-꾸-빙	航空便
소포	고즈쓰미	小包
발신인	핫신닝	発信人
수신인	아떼나	宛名
주소	쥬-쇼	住所
우표	깃떼	切手
은행	깅꼬-	銀行
구좌	고-자	口座
환전소	료-가에쇼	両替所
수수료	데스료-	手数料
비밀번호	안쇼-방고-	暗証番

9

쇼핑

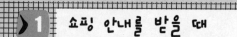

1 쇼핑 안내를 받을 때

쇼핑

■ 이 도시의 쇼핑가는 어디에 있나요?

고노 마찌노 숍핑구가이와 도꼬니 아리마스까?

この町のショッピング街はどこにありますか。

■ 가장 큰 백화점은 어디에 있나요?

이찌방 오-까 데빠-또와 도꼬니 아리마스까?

いちばん大きいデパートはどこにありますか。

■ 이 주변에 백화점이 있나요?

고노 헨니 데빠-또와 아리마스까?

この辺にデパートはありますか。

■ 여기서 멉니까?

고꼬까라 도-이데스까?

ここから遠いですか。

■ (가는) 길을 가르쳐 주세요.

미찌즁오 오시에떼 구다사이.

道順を教えてください。

■ 여기서 가장 가까운 슈퍼마켓은 어디에 있나요?

고꼬까라 이찌방 치까이 수-빠-마-켓또와 도꼬데스까?

ここからいちばん近いスーパーマーケットはどこですか。

■ 필름을 파는 가게는 있나요?

휘루무오 옷떼 이루 미세와 아리마스까?

フィルムを売っている店はありますか。

■ 이 도시에 무슨 특산품이 있나요?

고노 마찌니 나니까 토꾸상힝가 아리마스까?

この町になにか特産品がありますか。

■ 그건 어디서 살 수 있나요?

소레와 도꼬데 가에마스까?

それはどこで買えますか。

■ 면세점은 있나요?

멘-제-뗑와 아리마스까?

免税店はありますか。

■ 가게는 몇 시에 영업을 합니까?

오미세노 에-교-와 난지까라 데스까?

お店の営業は何時からですか。

■ 물건이 고루 잘 갖추어진 가게는 어디입니까?

이찌반 시나모노가 소롯떼 이루 미세와 도꼬데스까?

いちばん品物がそろっている店はどこですか。

■ 젊은이에게 인기가 있는 프리마켓은 어디에 있나요?

와까이 히또니 닝끼노 아루 후리-마-껫또와 도꼬데스까?

若い人に人気のあるフリーマーケットはどこですか。

161

쇼핑

■ 어서 오십시오.

이랏샤이마세.

いらっしゃいませ。

■ 뭘 찾으십니까?

나니오 오사가시데스까?

何をお探しですか。

■ 구경 좀 할게요. 고마워요.

미떼이루 다께데스 아리가또-.

見ているだけです。ありがとう。

■ 여기요. 잠깐 볼까요?

스미마셍. 오네가이시마스

すみません。お願いします。

■ 뭔가 선물로 적당한 것은 없나요?

나니까 오미야게니 데끼또-나 모노와 아리마셍까?

何かお土産に適当なものはありませんか。

■ 이걸 보고 싶은데요.

고레오 미따이노데스가.

これを見たいのですが。

■ 이것과 같은 것은 있나요?

고레또 오나지 모노와 아리마스까?

これと同じ<ruby>同<rt>おな</rt></ruby>じものはありますか。

■ 저걸 보여 주세요.

아레오 미세떼 구다사이.

あれを<ruby>見<rt>み</rt></ruby>せてください。

■ 이것은 어떻습니까?

고레와 이까가데스까?

これはいかがですか。

■ 다른 것을 보여 주세요.

호까노오 미세떼 구다사이.

ほかのを<ruby>見<rt>み</rt></ruby>せてください。

■ 좀 보고 있습니다.

춋또 미세떼 모랏떼 이마스

ちょっと<ruby>見<rt>み</rt></ruby>せてもらっています。

■ 어느 것이 좋을까요?

도레가 이-또 오모이마스까?

どれがいいと<ruby>思<rt>おも</rt></ruby>いますか。

■ 저것도 좋잖아요?

아레모 이-쟈 아리마셍까?

あれもいいじゃありませんか。

163

■ 둘 다 좋아요. 망설여지네요.

료-호-또모 이-. 마욧떼 시마이마스네.

両方ともいい。迷ってしまいますね。

■ 이거라면 나에게 딱 맞습니다.

고레나라 와따시니 핏따리데스

これなら私にぴったりです。

■ 이것이 가장 마음에 듭니다.

고레가 이찌방 기니 이리마스

これがいちばん気に入ります。

■ 견본은 있습니까?

미홍와 아리마스까?

見本はありますか。

■ 어느 것을 권하겠습니까?

도레오 스스메마스까?

どれを薦めますか。

■ 그밖에 어떤 종류가 있습니까?

호까니 돈나 슈루이가 아리마스까?

他にどんな種類がありますか。

■ 이건 무엇으로 만들어졌습니까?

고레와 나니데 데끼떼 이마스까?

これは何でできていますか。

■이건 무엇에 쓰는 겁니까?

고레와 나니니 쓰까운데스까?

これは何に使うんですか。

■이건 나에게 너무 큽니다.

고레와 와따시니와 오-끼스기마스

それは私には大きすぎます。

■이것보다 소형인 것은 없나요?

고레요리 고가따노 모노와 아리마셍까?

これより小型の物はありませんか。

■같은 걸로 다른 사이즈 있습니까?

오나지노데 베쓰노 사이즈노와 아리마스까?

同じので別のサイズのはありますか。

■이건 마침 사고 싶었던 것입니다.

고레와 쵸-도 가이타갓따 모노데스

これはちょうど買いたかった物です。

■그걸 주세요. 얼마입니까?

소레오 모라이마쇼-, 오이꾸라데스까?

それをもらいましょう。おいくらですか。

■사시겠습니까?

오모찌니 나리마스까?

お持ちになりますか。

165

■갖고 싶었던 것과 다릅니다.

호시깟따 모노또 치가이마스

欲しかった物と違います。

■그건 나에게 맞지 않는 것 같습니다.

소레와 와따시니와 아와나이또 오모이마스

それは私には合わないと思います。

■품질이 더 좋은 것은 없습니까?

못또 요이 힌시쓰노 모노와 아리마셍까?

もっと良い品質の物はありませんか。

■요즘에는 어떤 것이 잘 팔립니까?

사이낑와 돈나 모노가 요꾸 우레떼 이마스까?

最近はどんな物がよく売れていますか。

■좀더 보는 것이 좋을 것 같네요.

모- 스꼬시 미떼미루 호-가 요사소-데스네.

もう少し見てみるほうが良さそうですね。

■생각해 볼게요.

강가에떼 오끼마쇼.

考えておきましょう。

■다음에 살게요.

마따노 도끼니 시마쇼.

またの時にしましょう。

■이 양복을 입어봐도 되겠습니까?
고노 세비로오 기떼미떼모 아-데스까?

この背広(せびろ)を着(き)てみてもいいですか。

■이 옷감은 무엇입니까?
고노 기지와 난데스까?

この生地(きじ)は何(なん)ですか。

■이 디자인은 나에게 맞을까요?
고노 데자인와 와따시니 아우데쇼-까?

このデザインは私(わたし)に合(あ)うでしょうか。

■견본을 보여 주세요.
미홍오 미세떼 구다사이.

見本(みほん)を見(み)せてください。

■옷감은 별로 마음에 내키지 않습니다.
후꾸지와 아마리 기니 시마셍.

服地(ふくじ)はあまり気(き)にしません。

■이 넥타이는 얼마입니까?
고노 네꾸따이와 이꾸라데스까?

このネクタイはいくらですか。

■벨트와 바지 멜빵을 보고 싶은데요.

베루토또 즈본쓰리오 미따이노데스가.

ベルトとズボンつりを見たいのですが。

■남성용 속옷은 어디에 있습니까?

단세-요-노 시따기와 도꼬니 아리마스까?

男性用の下着はどこにありますか。

■스포츠 셔츠를 보여 주세요.

스뽀-쓰 샤쓰오 미세떼 구다사이.

スポーツシャツを見せてください。

■좀더 밝은 색은 없습니까?

모- 스꼬시 아까루이 이로와 아리마셍까?

もう少し明るい色はありませんか。

■이 재킷은 너무 화려한 것 같지 않습니까?

고노 쟈껫또와 하데스기루또 오모이마셍까?

このジャケットは派手すぎると思いませんか。

■이 스웨터는 너무 헐거운 것 같아요.

고노 세-따-와 유루스기루 요-데스.

このセーターはゆるすぎるようです。

■스타일북을 보여 주시겠어요?

스따이루 북꾸오 미세떼 이따다께마스까?

スタイルブックを見せていただけますか。

■이 디자인은 지금 유행하고 있습니까?

고노 데자잉와 이마 류-꼬-시떼마스까?

このデザインは今流行してますか。

■실크 스타킹은 있습니까?

기누노 스톡낑구와 아리마스까?

絹のストッキングはありますか。

■입고 있는 동안에 조금 늘어날까요?

하이떼이루 우찌니 스꼬시 노비떼 구루데쇼-까?

はいているうちに少し伸びてくるでしょうか。

■지금 유행하는 모자를 몇 가지 보여 주세요.

이마 류-꼬-노 보-시오 난슈루이까 미세떼 구다사이.

今流行の帽子を何種類か見せてください。

■어린이용 야구모자를 찾고 있는데요.

고도모요-노 야뀨-보-오 사가시떼룬데스가.

子供用の野球帽を探してるんですが。

■이것과 같은 것으로 그밖에 어떤 것이 있습니까?

고레또 오나지노데 호까니 돈나 모노가 아리마스까?

これと同じので他にどんなものがありますか。

■나에게 어울리겠습니까?

와따시니 니아우또 오모이마스까?

私に似合うと思いますか。

■거울은 어디에 있어요?

가가미와 도꼬데스까?

鏡はどこですか。

■검정 가죽구두가 필요한데요.

구로노 가와구쯔가 호사-노데스가.

黒の革靴がほしいのですが。

■이건 무슨 가죽입니까?

고레와 난노 가와데스까?

これは何の皮ですか。

■이 하이힐을 신어봐도 되겠어요?

고노 하이하-루오 하이떼 미떼 이-데스까?

このハイヒールを履いてみていいですか。

■더 큰 사이즈를 보여 주세요.

못또 오-까 사이즈오 미세떼 구다사이.

もっと大きいサイズを見せてください。

■이것이 딱 맞습니다.

고레가 핏따리 아이마스

これがぴったり合います。

■같은 사이즈로 다색이 있습니까?

오나지 사이즈데 챠이로가 아리마스까?

同じサイズで茶色がありますか。

■조작하기 쉬운 카메라를 보여 주세요.

소-사노 간딴나 카메라오 미세떼 구다사이.

操作の簡単なカメラを見せてください

■비디오카메라를 사고 싶은데요.

비데오카메라오 가이따인데스가.

ビデオカメラを買いたいんですが。

■세관에서 문제가 되는 일은 없겠죠?

제-깐데 몬다이니 나루 고또와 나이데쇼.

税関で問題になることはないでしょう。

■이건 조작도 간단하고 쓰기 편해요.

고레와 소-사모 간딴데, 쓰까이야스이데스

これは操作も簡単で、使いやすいです。

■루비 반지를 보여 주시겠습니까?

루바노 유비와오 미세떼 이따다께마셍까?

ルビーの指輪を見せていただけませんか。

■보석 매장은 어디죠?

호-세끼우리바와 도꼬데쇼.

宝石売場はどこでしょう。

■이 팔찌를 보여 주세요?

고노 푸레스렛또오 미세떼 구다사이.

このブレスレットを見せてください。

171

■ 왼쪽에서 두 번째 것을 보여 주세요.

히다리까라 니밤메노 모노오 미세떼 구다사이.

左から二番目の物を見せてください。

■ 이건 24K입니까?

고레와 니쥬용 낀데스까?

これは24金ですか。

■ 보증서는 있습니까?

호쇼-쇼와 쓰이떼 이마스까?

保証書は付いていますか。

■ 선물용으로 포장해 주세요.

오꾸리모노요-니 쓰쓴데 구다사이.

贈り物用に包んでください。

■ (여행)선물을 파는 가게를 가르쳐 주세요.

오미야게오 우루 미세오 오시에떼 구다사이.

お土産を売る店を教えてください。

■ 기념품은 어디에 가면 살 수 있나요?

기넹힝와 도꼬에 이께바 가에마스까?

記念品はどこへ行けば買えますか。

■ 한국에 가지고 갈 (여행)선물을 찾는데요.

캉꼬꾸에노 오미야게오 사가시떼룬데스가.

韓国へのお土産を探してるんですが。

172

■ 목각인형 따위는 어떠십니까?

기보리노 닝교- 나도와 이까가데스까?

木彫の人形などはいかがですか。

■ 일본의 대표적인 민예품을 갖고 싶은데요.

니혼노 다이효-떼끼나 밍게-힝가 호시인데스가.

日本の代表的な民芸品がほしいんですが。

쇼핑

■ 이것이 대표적인 일본의 선물입니다.

고레가 다이효-테끼나 니혼노 오미야게데스

これが代表的な日本のお土産です。

■ 이 인형은 얼마입니까?

고노 닝교-와 이꾸라데스까?

この人形はいくらですか。

■ 이건 무엇으로 만들었습니까?

고레와 나니데 데끼떼 이마스까?

これは何でできていますか。

■ 이것이 좋을 것 같네요. 이걸 사겠습니다.

고레가 요사소-데스네. 고레오 가이마쇼.

これがよさそうですね。これを買いましょう。

■ 이 가게에서는 면세로 살 수 있나요?

고노 미세데와 멘제-데 가우 고또가 데끼마스까?

この店では免税で買うことができますか。

173

4 슈퍼·백화점에서

쇼핑

■ 이 근처에 슈퍼는 있나요?

고노 치까꾸니 슈퍼와 아리마스까?

この近くにスーパーはありますか。

■ 유제품 매장은 어디입니까?

규-세-힌노 우리바와 도꼬데스까?

乳製品の売場はどこですか。

■ 저건 싸고 좋군요.

아레와 가이도꾸데스네.

あれは買い得ですね。

■ 가공식품 코너는 어디입니까?

가꼬-쇼꾸힌노 코-나-와 도꼬데스까?

加工食品のコーナーはどこですか。

■ 진공 포장된 건포도는 어디에 있습니까?

싱꾸 파꾸사레따 호시부도-와 도꼬니 아리마스까?

真空パックされた干しブドウはどこにありますか。

■ 매장 안내는 있습니까?

우리바 안나이와 아리마스까?

売場案内はありますか。

■ 엘리베이터는 어디입니까?

에레바-따와 도꼬데스까?

エレベーターはどこですか。

■ 완구 매장은 이 층입니까?

강구우리바와 고노 카이데스까?

玩具売場はこの階ですか。

■ 신발 매장은 어디에 있나요?

구쯔우리바와 도꼬데쇼-까?

靴売場はどこでしょうか。

■ 전기제품 매장은 어느 쪽입니까?

뎅끼세-힝 우리바와 돗찌노 호-데쇼-까?

電気製品売場はどっちの方でしょうか。

■ 선물용 상품권은 어디서 살 수 있습니까?

조-또-요-쇼-힝껭와 도꼬데 가에마스까?

贈答用商品券はどこで買えますか。

■ 이것에는 보증이 붙어있나요?

고레니와 호쇼-가 쓰이떼마스까?

これには保証が付いてますか。

■ 수입품은 있습니까?

유뉴-힝와 아리마스까?

輸入品はありますか。

175

쇼핑

■ 이건 얼마예요?

고레와 이꾸라데스까?

これはいくらですか。

■ 전부해서 얼마가 됩니까?

젬부데 이꾸라니 나리마스까?

全部でいくらになりますか。

■ 좀 비싼 것 같군요.

춋또 다까이요-데스네.

ちょっと高いようですね。

■ 세금을 포함한 가격입니까?

제-낑오 후꾼다 네단데스까?

税金を含んだ値段ですか。

■ 저에게는 무리입니다.

와따시니와 데가 데마셍.

私には手が出ません。

■ 조금 할인해 줄 수 있나요?

스꼬시 와리비끼 데끼마스까?

少し割引できますか。

176

■ 너무 비싸(싸)요.

와따시니와 다까(야스)스기마스

私には高(安)すぎます。

■ 가격은 적당하군요. 그걸 주세요.

네당와 데고로데스네. 소레오 구다사이.

値段は手頃ですね。それをください。

■ 신용카드로 지불하고 싶은데요.

쿠레짓또 카도데 시하라이따인데스가.

クレジットカードで支払いたいんですが。

■ 여행자용 수표라도 괜찮습니까?

료꼬-샤요-노 고깃떼데모 이-데스까?

旅行者用の小切手でもいいですか。

■ 할부를 이용할 수 있습니까?

붕까쓰바라이오 리요-데끼마스까?

分割払いを利用できますか。

■ 현금으로 사면 조금 싸게 해줄 수 있나요?

겡낀데 가에바, 스꼬시 야스꾸시떼 모라에마스까?

現金で買えば、少し安くしてもらえますか。

■ 영수증을 주시겠어요?

료-슈-쇼오 모라에마스까?

領収書をもらえますか。

177

쇼핑

■ 선물로 하고 싶은데요.

오꾸리모노니 시따인데스가.

贈り物にしたいんですが。

■ 따로따로 포장해 주세요.

베쓰베쓰니 쓰쓴데 구다사이.

別々に包んでください。

■ 리본을 달아서 포장해 주시겠어요?

리봉오 쓰께떼 호-소-시떼 이따다께마스까?

リボンをつけて包装していただけますか。

■ 종이봉투(비닐봉투)를 주시겠어요?

가미부꾸로(비니-루부꾸로)오 이따다께마스까?

紙袋(ビニール袋)をいただけますか。

■ 호텔까지 배송해 주시겠어요?

호떼루마데 하이소-시떼 모라에마스까?

ホテルまで配送してもらえますか。

■ 배달할 때 지불을 할 수 있습니까?

하이따쓰노 도끼노 시하라이니 데끼마스까?

配達のときの支払いにできますか。

- 언제 배달해줄 수 있나요?

  이쯔 하이따쯔시떼 모라에마스까?

  いつ配達してもらえますか。

- 한국으로 보내줄 수 있나요?

  캉꼬꾸에 오꿋떼 모라에마스까?

  韓国へ送ってもらえますか。

- 오늘 중(내일까지)으로 배달해 주었으면 하는데요.

  쿄-쥬-(아시따마데)니 도도께떼 호시-노데스가.

  今日中(明日まで)に届けてほしいのですが。

- 이 짐을 한국으로 보내려면 어떻게 하면 됩니까?

  고노 니모쯔오 캉꼬꾸니 오꾸루니와 도-시따라 이-노데스까?

  この荷物を韓国に送るにはどうしたらいいのですか。

- 한국의 제 주소로 보내 줄 수 있나요?

  캉꼬꾸노 와따시노 쥬쇼이떼니 오꿋떼 모라에마스까?

  韓国の私の住所宛に送ってもらえますか。

- 항공편(선편)으로 부탁합니다.

  코-꾸빈(후나빈)데 오네가이시마스

  航空便(船便)でお願いします。

- 세관에서 무슨 문제가 없을까요?

  제-깐데 멘도-나 고또가 아리마스까?

  税関で面倒なことがありますか。

■ 교환 카운터는 어디에 있나요?

도리까에 카운따와 도꼬데스까?

取り換えカウンターはどこですか。

■ 여기 부분이 망가진 것 같습니다.

고꼬노 부붕가 고와레떼 이루 요-데스

ここの部分が壊れているようです。

■ 전혀 작동하지 않는데요.

젠젱 우고까나이노데스가.

全然動かないのですが。

■ 수리하든지 돈을 돌려주든지 하십시오.

슈리스루까 오까네오 가에시떼 이따다께마스까?

修理するかお金を返していただけますか。

■ 여기가 더럽습니다.

고꼬가 요고레떼 이마스

ここが汚れています。

■ 새것으로 바꿔 주겠어요?

아따라시- 모노또 도리까에떼 구레마스까?

新しいものと取り替えてくれますか。

180

■반품하고 싶은데요.

헴삔시따이노데스가.

返品したいのですが。

■반품해 주겠어요?

헴삔시떼 모라에마스까?

返品してもらえますか。

■치수를 고쳐 주시겠어요?

슴뽀-오 나오시떼 이따다께마스까?

寸法を直していただけますか。

■허리를 3센티미터 줄여(키워) 주세요.

우에스또오 산센치 쓰메떼(다시떼) 구다사이.

ウエストを3センチつめて(出して)ください。

■시간이 걸립니까?

지깡가 가까리마스까?

時間がかかりますか。

■더 빨리 안 됩니까?

못또 하야꾸 데끼마셍까?

もっと早くできませんか。

■여기에 영수증이 있습니다.

고꼬니 료-슈-쇼가 아리마스

ここに領収書があります。

181

백화점	데빠-또	デパート
슈퍼마켓	스-빠-마-껫또	スーパーマーケット
시장	이찌바	市場
가게	미세	店
특산품점	오미야게노 미세	お土産の店
사이즈	사이즈	サイズ
크다	오까-	大きい
작다	치-사이	小さい
길다	나가이	長い
짧다	미지까이	短い
헐겁다	유루이	ゆるい
색깔	이로	色
하얀색	시로	白
검정색	구로	黒
빨간색	아까	赤
청색	아오	青
노란색	기이로	黄色
시계	도께-	時計
카메라	카메라	カメラ
비디오	비데오	ビデオ
비디오카메라	비데오카메라	ビデオカメラ
라디오 카세트	라지까세	ラジカセ
전자계산기	덴따꾸	電卓
게임	게-무	ゲーム
전화기	뎅와끼	電話機
팩스	확꾸스	ファックス
휴대전화	케-따이뎅와	携帯電話
워크맨	워-꾸망	ウォークマン
반지	네꾸레스	指輪
목걸이	이야링구	ネックレス

트러블

말이 통하지 않을 때

분실·도난을 당했을 때

사고를 당했을 때

몸이 아플 때

약을 필요할 때

트러블

■일본어는 하지 못합니다.

니홍고와 하나세마셍.

日本語は話せません。

■제 일본어로는 부족합니다.

와따시노 니홍고데와 후쥬-분데스

私の日本語では不十分です。

■한국인 통역을 부탁드립니다.

캉꼬꾸진노 쓰-야꾸오 오네가이시마스

韓国人の通訳をお願いします。

■한국어를 할 줄 아는 사람을 준비해 주세요.

캉꼬꾸고노 하나세루 히또오 요-이시떼 구다사이.

韓国語の話せる人を用意してください。

■뭐라고 말씀하셨습니까?

난또 옷샤이마시다까?

何とおっしゃいましたか。

■천천히 말씀해 주시겠습니까?

육꾸리또 잇떼 이따다께마스까?

ゆっくりと言っていただけますか。

■한국어를 할 줄 아는 가이드를 부탁하고 싶은데요.

캉꼬꾸고오 하나세루 가이도오 다노미따인데스가.

韓国語の話せるガイドを頼みたいんですが。

■한국어를 하는 분은 없습니까?

캉꼬꾸고오 하나스 가따와 이마셍까?

韓国語を話す方はいませんか。

■말이 통하지 않습니다.

고또바가 쓰-지마셍.

言葉が通じません。

■일본어로 어떻게 말하는지 모르겠습니다.

니홍고데 도- 이우까 와까라나인데스

日本語でどう言うかわからないんです。

■이것은 일본어로 뭐라고 합니까?

고레와 니홍고데 난또 이우노데스까?

これは日本語で何と言うのですか。

■이 한자는 일본어로 뭐라고 읽습니까?

고노 칸지와 니홍고데 난또 요미마스까?

この漢字は日本語で何と読みますか。

■이름 읽는 법을 가르쳐 주시겠어요?

오나마에노 요미카따오 오시에떼 이따다께마스까?

お名前の読み方を教えていただけますか。

■경찰을 불러 주세요.

게-사쯔오 욘데 구다사이.

警察を呼んでください。

■택시에 가방을 놓고 내렸습니다.

타꾸시-니 박구오 오끼와스레마시다.

タクシーにバッグを置き忘れました。

■여기에 가방이 없었습니까?

고꼬니 가방가 아리마센데시다까?

ここに鞄がありませんでしたか。

■가방을 도난당했습니다.

박구오 누스마레마시다.

バッグを盗まれました。

■누구에게 알리면 됩니까?

다레니 시라세따라 이-데스까?

誰に知らせたらいいですか。

■유실물 담당은 어디입니까?

이시쯔부쯔가까리와 도꼬데스까?

遺失物係はどこですか。

■무엇이 들어있었습니까?

나니가 하잇떼 이마시다까?

何が入っていましたか。

■얼마 들어 있었습니까?

이꾸라 하잇떼 이마시다까?

いくら入っていましたか。

■가방을 여기에 두었는데, 없어져버렸습니다.

박구오 고꼬니 오이따노데스가, 나꾸낫떼 시마이마시다.

バッグをここに置いたのですが なくなってしまいました。

■어떤 가방입니까?

돈나 박구데스까?

どんなバッグですか。

■연락처를 여기에 써 주세요.

렌라꾸사끼오 고꼬니 가이떼 구다사이.

連絡先をここに書いてください。

■여기에는 언제까지 머무르십니까?

고꼬니와 이쯔마데 타이자이시떼 이마스까?

ここにはいつまで滞在していますか。

■어디로 찾으러 오면 됩니까?

도꼬니 도리니 구레바 이-데스까?

どこに取りに来ればいいですか。

트러블

■찾으면 연락하겠습니다.

미쓰깟따라 렌라구시마스

見つかったら連絡します。

■이 서류에 기입해 주세요.

고노 쇼루이니 기뉴-시떼 구다사이.

この書類に記入してください。

■한국대사관은 어디입니까?

캉꼬꾸타이시깡와 도꼬데스까?

韓国大使館はどこですか。

■여권을 잃어버렸습니다.

파스뽀-또오 나꾸시마시다.

パスポートをなくしました。

■어떻게 하면 좋을까요?

도-시따라 요이데쇼-까?

どうしたらよいでしょうか。

■재발행해 주세요.

사이학꼬-시떼 구다사이.

再発行してください。

■카드를 정지시켜 주세요.

카-도오 무꼬-니 시떼 구다사이.

カードを無効にしてください。

■ 도난증명서를 만들어 주세요.

도-난쇼-메-쇼오 쓰꿋떼 구다사이.

盗難証明書を作ってください。

■ 긴급입니다.

깅뀨-데스

緊急です。

■ 의사를 불러 주세요.

이샤오 욘데 구다사이.

医者を呼んでください。

■ 살려줘요! / 도와줘요!

다스께떼

助けて!

■ 도둑이야!

도로보-ㅅ!

泥棒ッ!

■ 강도야!

고-또-ㅅ!

強盗ッ!

■ 손들어!

데오 아게로!

手を挙げろ!

■ 교통사고가 났습니다.

고-쓰-지꼬가 오끼마시다.

交通事故が起きました。

■ 경찰(구급차·의사)를 불러 주세요.

게-사쯔(큐-뀨-샤·이샤)오 욘데 구다사이.

警察(救急車・医者)を呼んでください。

■ 병원으로 데려가 주세요.

뵤-잉에 쓰레떼 잇떼 구다사이.

病院へ連れて行ってください。

■ 서둘러 주세요.

이소이데 구다사이.

急いでください。

■ 차번호는 1234입니다.

구루마노 방고-와 이찌 니 산 시데스

車の番号は1234です。

■ 차에 치었습니다.

와따시와 구루마니 하네라레마시다.

私は車にはねられました。

■상황을 잘 기억하지 못합니다.

죠-꾜-오 요꾸 오보에떼 이마셍.

状況をよく覚えていません。

■응급조치를 부탁합니다.

오-뀨-쇼치오 오네가이시마스

応急処置をお願いします。

■제 혈액형은 B형입니다.

와따시노 게쓰에끼가따와 B가따데스

私の血液型はB型です。

■여기가 아픕니다.

고꼬가 이따이노데스

ここが痛いのです。

■현기증이 납니다.

메마이가 시마스

目眩がします。

■다리가 접질린 것 같습니다.

아시오 히넷따요-데스

足をひねったようです。

■여행을 계속해도 됩니까?

료꼬-오 쓰즈께떼모 아-데스까?

旅行を続けてもいいですか。

트러블

■ 이 근처에 병원이 있습니까?

고노 치까꾸니 뵤-잉와 아리마스까?

この近くに病院はありますか。

■ 의사를 불러 주세요.

이샤오 욘데 구다사이.

医者を呼んでください。

■ 빨리 와 주세요.

이소이데 구레마셍까?

急いでくれませんか。

■ 병원에 데리고 가 주세요.

뵤-인니 쓰레떼 잇떼 구다사이.

病院に連れて行ってください。

■ 여보세요! 구급차를 불러 주세요.

스미마셍! 규-뀨-샤오 욘데 구다사이.

すみません! 救急車を呼んでください。

■ 진료예약을 해 주시겠어요?

신료-요야꾸오 돗떼 모라에마스까?

診療予約をとってもらえますか。

■ 어디가 아픕니까?

노-시마시다까?

どうしましたか。

■ 몸이 안 좋은데요.

기붕가 와루이노데스가.

気分が悪いのですが。

■ 어젯밤부터 설사 증세가 있고 지금은 열도 있습니다.

사꾸야까라 게리기미데, 이마와 네쯔모 아룬데스

昨夜から下痢ぎみで、今は熱もあるんです。

■ 감기에 걸렸습니다.

가제오 히끼마시다.

風邪を引きました。

■ 설사가 심합니다.

게리가 히도이노데스

下痢がひどいのです。

■ 열이 있습니다.

네쯔가 아루노데스

熱があるのです。

■ 이건 한국 의사가 쓴 것입니다.

고레와 캉꼬꾸노 이샤노 가이따 모노데스

これは韓国の医者の書いたものです。

■ 언제부터 열이 있습니까?

이쯔까라 네쯔가 아리마스까?

いつから熱がありますか。

■ 어젯밤부터 열이 있습니다.

사꾸야까라 네쯔가 아리마스

昨夜から熱があります。

■ 여기가 아픕니다.

고꼬가 이따이노데스

ここが痛いのです。

■ 머리(위·이)가 아픈데요.

아따마(이·하)가 이따이노데스가.

頭(胃・歯)が痛いのですが。

■ 여기가 조금 아픕니다.

고꼬가 스꼬시 이따미마스

ここが少し痛みます。

■ 한기가 듭니다.

사무께가 시마스

寒気がします。

■ 몸이 나른합니다.

가라다가 다루이노데스

体がだるいのです。

194

■ 숨이 찬데요.

이끼가 구루사-노데스가.

息が苦しいのですが。

■ 식욕이 없습니다.

쇼꾸요꾸가 나이노데스

食欲がないのです。

■ 잠이 오지 않습니다.

네무레나이노데스

眠れないのです。

■ 토할 것 같습니다.

하끼께가 시마스

吐き気がします。

■ 변비가 있습니다.

벤삐오 시떼 이마스

便秘をしています。

■ 기침이 나옵니다.

세끼가 데마스

せきが出ます。

■ 발목을 삐었습니다.

아시꾸비오 넨자시마시다.

足首を捻挫しました。

■ 위가 너무 아파서 참을 수 없습니다.

이노 이따미가 히도꾸떼 가만데끼마셍.

胃の痛みがひどくて我慢できません。

■ 친구가 심하게 다쳤습니다.

유-징가 히도이 게가오 시마시다.

友人がひどい怪我をしました。

■ 그는 출혈이 심합니다.

가레와 히도꾸 슉께쯔시떼 이마스

彼はひどく出血しています。

■ 그는 의식이 없습니다.

가레와 이시끼가 아리마셍.

彼は意識がありません。

■ 그를 응급치료해 주세요.

가레니 오-뀨-쇼치오 오네가이시마스

彼に応急処置をお願いします。

■ 저는 알레르기 체질입니다.

와따시와 아레루기가 타이시쯔데스

私はアレルギー体質です。

■ 며칠 정도 안정이 필요합니까?

난니찌 쿠라이 안세-가 히쯔요-데스까?

何日くらい安静が必要ですか。

■어느 정도면 완쾌되겠습니까?

도노 쿠라이데 젱까이시마스까?

どのくらいで全快しますか。

■입원해야 합니까?

뉴-잉시나께레바 나리마셍까?

入院しなければなりませんか。

■여행을 계속해도 되겠습니까?

료꼬-오 쓰즈께떼모 요로시-데스까?

旅行を続けてもよろしいですか。

■무엇을 먹으면 됩니까?

나니오 다베따라 이-데스까?

何を食べたらいいですか。

■조금 좋아졌습니다.

스꼬시 요꾸 나리마시따.

少しよくなりました。

■진단서를 주세요.

신단쇼오 구다사이.

診断書をください。

■진찰해 주셔서 감사합니다.

고신사쯔 아리가또- 고자이마스

ご診察ありがとうございます。

197

트러블

■ 미안합니다. 이 근처에 약국은 없나요?

스미마셍. 고노 치까꾸니 약쿄꾸와 아리마셍까?

すみません。この近くに薬局はありませんか。

■ 이 처방전으로 조제해 주세요.

고노 쇼호-센데 쵸-자이시떼 구다사이.

この処方せんで調剤してください。

■ 처방전은 없습니다.

쇼호-셍와 아리마셍.

処方箋はありません。

■ 몇 번 정도 복용하는 겁니까?

낭까이 쿠라이 후꾸요-스루노데스까?

何回くらい服用するのですか。

■ 기침을 멈추게 하는 약은 어느 것입니까?

세끼도메와 도노 구스리데쇼-까?

咳止めはどの薬でしょうか。

■ 진통제는 들어 있습니까?

이따미도메와 하잇떼 이마스까?

痛み止めは入っていますか。

■ 두통(위통·치통) 약이 필요한데요.

즈쓰(이쓰·시쓰)노 구스리가 호시-노데스가.

頭痛(胃痛・歯痛)の薬がほしいのですが。

■ 아스피린은 있습니까?

아스피링와 아리마스까?

アスピリンはありますか。

트러블

■ 이건 복통에 듣습니까?

고레와 후꾸쓰-니 기끼마스까?

これは腹痛に効きますか。

■ 감기약은 있습니까?

가제구스리와 아리마스까?

風邪薬はありますか。

■ 변비에는 무엇이 좋을까요?

벰삐니와 나니가 이-데쇼-까?

便秘には何がいいでしょうか。

■ 이 약으로 통증이 가라앉습니까?

고노 구스리데 이따미가 도레마스까?

この薬で痛みがとれますか。

■ 피로에는 무엇이 잘 듣습니까?

쓰까레메니와 나니가 기끼마스까?

疲れ目には何がよく効きますか。

199

귀중품	기쬬-힝	貴重品
백, 가방	박구	バッグ
여행용 가방	스-쓰케-스	スーツケース
경찰	게-사쯔	警察
119	햐꾸또-방	１１０番
도난	도-낭	盗難
도둑맞은 물건	누스마레따 모노	盗まれた物
장소	바쇼	場所
연락처	렌라꾸사끼	連絡先
도둑	도로보-	泥棒
소매치기	스리	スリ
한국대사관	캉꼬꾸타이시깡	韓国大使館
영사관	료-지깡	領事館
교통사고	고-쓰지꼬	交通事故
구급차	규-뀨-샤	救急車
경찰차	파또로-루까	パトロールカー
부상	게가	怪我
골절	곳세쯔	骨折
의사	이샤	医者
간호사	강고-후	看護婦
습포, 찜질	십뿌	湿布
소독약	쇼-도꾸야꾸	消毒薬
탈지면	닷시멩	脱脂綿
반창고	반소-꼬-	絆創膏
붕대	호-따이	包帯
약	구스리	薬
약국	약꾜꾸	薬局
아스피린	아스피링	アスピリン
감기약	가제구스리	風邪薬
진통제	친쓰-자이	鎮痛剤
해열제	게네쯔자이	解熱剤

귀국

귀국

■내일 비행편을 예약할 수 있나요?

아시따노 빈노 요야꾸와 데끼마스까?

<ruby>明日<rt>あした</rt></ruby>の<ruby>便<rt>びん</rt></ruby>の<ruby>予約<rt>よやく</rt></ruby>はできますか。

■14편의 자리는 남아 있나요?

쥬-욤빈노 세끼와 노꼿떼 이마스까?

14<ruby>便<rt>びん</rt></ruby>の<ruby>席<rt>せき</rt></ruby>は<ruby>残<rt>のこ</rt></ruby>っていますか。

■가능하면 빠른 편으로 예약하고 싶은데요.

데끼루다께 하야이 빈데 슙빠쯔 시따인데스가.

できるだけ<ruby>早<rt>はや</rt></ruby>い<ruby>便<rt>びん</rt></ruby>で<ruby>出発<rt>しゅっぱつ</rt></ruby>したいんですが。

■다른 편은 없습니까?

호까노 빙와 아리마셍까?

ほかの<ruby>便<rt>びん</rt></ruby>はありませんか。

■인천에는 몇 시에 도착합니까?

인천니와 난지니 쓰끼마스까?

インチョンには<ruby>何時<rt>なんじ</rt></ruby>に<ruby>着<rt>つ</rt></ruby>きますか。

■출발시간은 몇 시입니까?

슙빠쯔 지깡와 난지데스까?

<ruby>出発時間<rt>しゅっぱつじかん</rt></ruby>は<ruby>何時<rt>なんじ</rt></ruby>ですか。

■ 예약 재확인을 하고 싶은데요.

요야꾸노 사이카꾸닝오 시따인데스가.

予約の再確認をしたいんですが。

귀국

■ 항공권은 가지고 계십니까?

코-꾸껭오 오모찌데스까?

航空券をお持ちですか。

■ 성함과 편명을 말씀하십시오.

오나마에또 빔메-오 도-조

お名前と便名をどうぞ。

■ 몇 시에 출발하는지 확인하고 싶은데요.

난지니 슙빠쯔스루까 타시까메따인데스가.

何時に出発するか確かめたいんですが。

■ 됐습니다. 예약은 확인되었습니다.

겍꼬-데스 요야꾸와 카꾸닌시마시다.

けっこうです。予約は確認しました。

■ 탑승시간에 늦지 않도록 주의하세요.

토-죠-지깐니 오꾸레나이요-니 기오 쓰께떼 구다사이.

搭乗時間に遅れないように気をつけてください。

귀국

■비행편 변경을 부탁할 수 있습니까?

빈노 헹꼬-오 오네가이 데끼마스까?

便の変更をお願いできますか。

■10월 9일로 변경하고 싶습니다.

쥬-가쯔 고꼬노까니 헹꼬- 시따인데스

10月9日に変更したいんです。

■예약을 취소하고 싶은데요.

요야꾸오 도리께시따인데스가.

予約を取り消したいんですが。

■그 비행편으로 부탁합니다.

소노 빈데 오네가이 시마스

その便でお願いします。

■해약 대기는 몇 명 정도입니까?

칸세루 마찌와 난닝 구라이데스까?

キャンセル待ちは何人ぐらいですか。

■다른 회사 비행편을 알아봐 주십시오.

호까노 카이샤노 빙오 시라베떼 구다사이.

他の会社の便を調べてください。

■ 공항까지 어느 정도 시간이 걸립니까?

쿠-꼬-마데 도노쿠라이 지깡가 가까리마스까?

空港までどのくらい時間がかかりますか。

귀국

■ 빨리 가 주세요. 늦었습니다.

이소이데 구다사이. 오꾸레떼 이룬데스

急いでください。遅れているんです。

■ 출발 3시간 전에 예약 재확인을 했는데요.

슙빠쯔노 산지깜 마에니 요야꾸노 사이카꾸닝오 시따인데스가.

出発の三時間前に予約の再確認をしたんですが。

■ 이건 기내로 가지고 들어 갈 수 있습니까?

고레와 기나이니 모찌꼬메마스까?

これは機内に持ち込めますか。

■ 이 편 탑승구는 어딥니까?

고노 빈노 게-또와 도찌라데스까?

この便のゲートはどちらですか。

■ 항공권을 보겠습니다.

코-꾸-껜오 하이껜 이따시마스

航空券を拝見致します。

■ 면세점은 어디에 있습니까?

멘제-뗑와 도꼬니 아리마스까?

免税店はどこにありますか。

■ 여행 선물로는 무엇이 좋을까요?

료꼬-노 오미야게데와 나니가 아-데쇼-까?

旅行のお土産では何がいいでしょうか。

■ 위스키는 몇 병까지 면세입니까?

우이스까-와 남봄마데 멘제-데끼마스까?

ウイスキーは何本まで免税ですか。

■ 프랑스 제 향수를 보여 주세요.

후랑스세-노 코-스이오 미세떼 구다사이.

フランス製の香水を見せてください。

■ 다른 것을 보여 주세요.

호까노오 미세떼 구다사이.

他のを見せてください。

■ 담배는 어떤 상표로 하겠어요?

다바꼬와 도찌라노 메-가라니 시마스까?

タバコはどちらの銘柄にしますか。

왕초보 여행 일본어

_초판 인쇄   2004년 11월 10일
_초판 발행   2004년 11월 15일

_지은이   박태준
_펴낸이   이순희
_펴낸곳   제일법규 (제일어학)
_등 록   1993년 4월 1일   제21-429호

_주소   서울시 서초구 방배동 537의 39
_전화   (02) 523-1657, 597-1088
_팩스   (02) 597-6464

값 7,000 원
∴ 잘못 만들어진 책은 바꿔드립니다.

ISBN 89-5621-028-4 13730